Женские судьбы
Уютная проза
Марии Метлиц

Мария
Метлицкая

Я тебя
отпускаю

Москва
2019

УДК 821.161.1-31
ББК 84(2Рос=Рус)6-44
М54

Оформление серии *П. Петрова*

М54   **Метлицкая, Мария.**
     Я тебя отпускаю / Мария Метлицкая. — Москва : Эксмо, 2019. — 352 с.

     ISBN 978-5-04-103668-3

Как часто то, во что мы искренне верим, оказывается заблуждением, а то, что боимся потерять, оборачивается иллюзией.

Для Ники, героини повести «Я отпускаю тебя», оказалось достаточно нескольких дней, чтобы понять: жизнь, которую она строила долгих восемь лет, она придумала себе сама. Сама навязала себе правила, по которым живет, а Илья, без которого, казалось, не могла прожить и минуты, на самом деле далек от идеала: она пожертвовала ради него всем, а он не хочет ради нее поступиться ни толикой своего комфорта и спокойствия и при этом делает несчастной не только ее, но и собственную жену, которая не может не догадываться о его многолетней связи на стороне.

И оказалось, что произнести слова «Я тебя отпускаю» гораздо проще, чем ей представлялось. И не надо жалеть о разрушенных замках, если это были замки из песка.

УДК 821.161.1-31
ББК 84(2Рос=Рус)6-44

ISBN 978-5-04-103668-3

Я тебя  отпускаю

Ника стояла у окна и смотрела на улицу. Впрочем, улицей это назвать было сложно — окно выходило на узкий канал с мутной водой ярко-болотного цвета. Кстати! А бывает ярко-болотный цвет? Кажется, родные болота были темно-зеленые. А здесь скорее цвет мутного изумруда. Напротив, почти на расстоянии руки, стоял дом. Обычный венецианский дом на сваях, обросших мягкими колышущимися водорослями. К крыльцу, похожему на маленькую пристань, была привязана небольшая лодчонка с мотором. В окна, закрытые плотными ставнями, подсмотреть, как бы ни хотелось, не получалось. А жаль — с детства Ника любила подглядывать в чужие окна. Лучше всего это удавалось в Дании или Норвегии, где вообще не вешали занавесок — смотри кто хочешь, нам скрывать нечего. Но почему-то заглядывать в окна скандинавов было совсем неинтересно:

все одинаково, как под копирку, — простые и однотипные белые кухни «привет из «Икеи», скучные молочно-белые, похожие на больничные, светильники. Да здравствует скандинавский минимализм. Слишком просто, слишком удобно и некрасиво, увы.

Ей казалось, что здесь, в этом сказочном и загадочном городе, все должно быть не так. Какой минимализм? Он оскорбителен здесь, в этом месте. Здесь все должно быть совсем по-другому, не так: и мебель, и люстры, и потертые бархатные гардины, пыльные и тяжелые, поди постирай. И старые картины в потускневших тяжелых рамах. И тяжелые хрустальные флаконы с вином, и старые книги в золоченых переплетах. Здесь все — старина. И все — волшебство и загадка. Во-первых, Ника в этом была абсолютно уверена, ну и, во-вторых, фантазировала, конечно. Представляла себе это так: вот-вот, через минуту, с усилием и скрежетом хозяйка откроет проржавевшие от влаги ставни и...

Я был разбужен спозаранку
Щелчком оконного стекла.
Размокшей каменной баранкой
В воде Венеция плыла[1].

---

[1] *Б. Пастернак.* Венеция.

И Ника, любопытная Варвара, увидит все именно так, как себе представляла.

Итак, ее любопытному и жадному взору откроется комната. Нет, даже зал! Именно зал, с высокими, метров в пять, потолками, с тяжелой и длинной, разноцветной люстрой муранского стекла на бронзовых могучих цепях, от которой тысячи разноцветных солнечных зайчиков шаловливо разбегутся по мутной воде канала. Да так шустро, что невольно прищуришь глаза. Мощный дубовый потертый паркет с инкрустацией — ему тыща лет, а ничего с ним не делается. Увидит и темную, приземистую мебель: пузатые комоды с потускневшими от времени и влаги зазеленевшими бронзовыми чучеными ручками, книжные шкафы с толстыми гранеными стеклами, за которыми плотно стоят пахнущие вечной сыростью старинные фолианты в золотом тиснении. Откроются взору крепкие, на гнутых ножках, с затейливо вырезанными спинками и потертой атласной обивкой стулья. И обязательно бюро со множеством изящных ящичков для секретных писем и прочих загадочных, не для чужого взора, затейливых мелочей. И, конечно же, стол — овальный, могучий, из тех, что навсегда, на века. А на нем будет лежать кокетливая, чуть пожелтевшая от времени, кружевная скатерка, любовно вытканная руками местных умелиц. И непременно ваза, высокая, конечно же, муранского стекла, с разноцветными, немного подвядшими, анемонами — фиолетовыми, желтыми, лиловыми, розовыми, ярко-красными и нарядными белыми.

Ставни откроет немолодая, растрепанная, зевающая хозяйка в длинном шелковом, с кистями халате. Она машинально поправит растрепавшие волосы, снова зевнет и выглянет на улицу. Поморщится при виде мелкого, густо сыплющего, так надоевшего дождя, поежится от привычной сырости, поведет круглым плечом, подтянет кисти халата и, разочарованная, уйдет в глубь квартиры — дела. Там, на темной от копоти кухне, завешанной старыми, тусклыми медными сковородками, она в задумчивости замрет на пару минут у огромной старой плиты с тяжеленными чугунными конфорками. На плите будет стоять древняя, плохо отмытая медная джезва. Да и зачем ее отмывать — на вкус кофе это уж точно не влияет. Вся в своих мыслях, медленно она будет помешивать тусклой серебряной ложечкой в джезве и думать о своем. И, конечно, не углядит, пропустит минуту, и кофе с шипением выплеснется наружу.

Она чертыхнется: «Ну вот, каждый раз так!» И, наплевав на подгоравшую гущу — потом, все потом, сейчас главное — кофе, — она перельет его в маленькую и очень изящную старую чашечку с витой ручкой и крошечной, почти незаметной трещинкой с правого боку и наконец усядется за стол.

Синьора будет медленно пить свой первый утренний кофе, терпкий, черный, без молока, и сладкий аромат его станет витать в темной, не слишком опрятной кухне. Но все это ей не помешает — она привыкла к заброшенности, весь этот город производит впечатление немного заброшенного. И ритуал нетороплив и приятен — и неспешное питье, и кусочек поджаренного в тостере хлеба, намазанного клубничным вареньем, и небольшой кусок пармезана — все это примирит ее с сыростью, влажностью и мелким дождем за окном. Ну и с одиночеством — и к нему она тоже привыкла.

Ника улыбнулась, прокрутив эту картинку в своей голове, и поежилась: голые ступни здорово замерзли — каменный пол был холодным — зима, и в номере было холодно. Нет, отопление имелось — низкая и узкая полоска еле теплой батареи стыдливо пряталась за занавеской.

«В душ, — подумала Ника, — замерзла. Не дай бог, разболеюсь. Вот это уж точно будет катастрофа!» И она пошла в ванную, на всю мощь врубила горячую воду и долго, с полчаса, не вылезала, точнее, не решалась вылезти. В большой ванной с окном тоже было прохладно.

Минут через десять все-таки собралась с духом и заставила себя вылезти из-под горячей струи, быстро обтерлась огромным тяжелым полотенцем и встала у длинного и узкого, висящего не над раковиной, как везде было принято, а сбоку, у окна, старого, мутного от пара зеркала. Протерев его ладонью, внимательно посмотрела на себя. Разглядывала себя долго, поворачивалась и так, и эдак. Вытягивала трубочкой губы, делала страшный оскал и смешные гримасы. Потом вздохнула: «Ну что я пытаюсь тут разглядеть, что увидеть? Что появились новые морщины? Но это нормально. В конце концов, тридцать семь, так что все логично».

Ника высушила роскошные и густые волосы, ее гордость и предмет зависти подруг. Правда, как всегда, не до конца, на это ей не хватало терпения. Там, в глубине, в «зарослях», они оставались чуть влажными. Намазала лицо кремом, брызнула совсем чуть-чуть духами, надела гостиничный белый махровый халат и вышла.

Илья спал на спине, широко раскинув руки — красивые, сильные, мускулистые, смуглые, с тонкими, но сильными пальцами. Его руки всегда Нику завораживали. Как, впрочем, и все остальное. «Любовь в глазах смотрящего, — вздыхала мама, — но слишком уж ты в восторге. Пора чуть-чуть приоткрыть глаза». Восторг на восьмой год знакомства маме казался слегка неуместным, и ее можно было понять — долголетняя и, скорее всего, безнадежная связь с глубоко женатым человеком. Чему уж тут радоваться?

Да, маму можно понять. Но и Нику тоже. Все это называлось любовью. Простое объяснение, куда уж проще. Но этим, как ей казалось, все и оправдано.

Ника смотрела на любимого и размышляла — лечь рядом? Или не тревожить? Илья всегда вставал тяжело, с долгим кряхтением, с недовольным лицом и в отвратительном настроении. Сова, что поделать. И только в отпуске позволял себе дрыхнуть как сурок.

Ника как раз была жаворонком, вставала легко, без сожаления выныривала из снов, приятных и не очень, и тут же приходила в себя. Даже в отпуске в постели не застревала — какое? Когда ждут море и солнце, незнакомая страна и неизвестный пока город? Как можно терять драгоценное время? Она сразу же выходила на балкон, вставала на цыпочки и сладко потягивалась — красота! И тут же начинала любить весь мир. Илья говорил, что она счастливая. Ника, кстати, не возражала.

В отпуск они всегда ездили вместе. Ну или почти всегда, бывало по-всякому.

После душа Ника согрелась, надела тапки и снова подошла к окну — дождь прекратился, но по-прежнему было серо и пасмурно. А в квартире напротив, в которую ей так хотелось подглядеть, уже открыли ставни. «Эх, пропустила, — вздохнула Ника, — опять пропустила! Два дня караулю — и на тебе, снова». Да и разглядеть что-либо в темной квартире было невозможно. Ника снова вздохнула и услышала голос Ильи:

— Ну что, бессонная моя? Давно бодрствуешь?

Она обернулась с улыбкой:

— Давно. С час определенно.

Илья широко, смачно, со вздохом зевнул и приподнялся на подушке. Пошарил рукой на тумбочке в поисках очков и, нацепив их, стал внимательно разглядывать ее, словно впервые видел.

— Иди сюда, малыш! — Он похлопал по кровати.

С минуту Ника раздумывала, потом вздохнула и жалостливо пропела:

— Ну-у... А завтрак? Мы его почти пропустили. Еще полчаса — и все!

Илья усмехнулся:

— Боишься остаться голодной? Ну ты обжора известная! — Он глянул на часы. — Да и смысла уже нет. Завтраки здесь паршивые, и все наверняка уже подмели. Иди сюда, а потом, — он снова широко зевнул, — пойдем завтракать в нормальное место. Ну или уже обедать, как получится, — рассмеялся Илья. — Иди, ну! Иди!

И Ника послушно легла рядом с ним.

Однажды Илья ей сказал:

— Знаешь, что в тебе замечательно? Ну, кроме всего остального? Твои кротость, уступчивость. Умная такая покорность. Ты не споришь по пустякам, не лезешь в бутылку. Ты... — Он задумался. — Ты человек неконфликтный. А это, знаешь ли, приятно любому мужчине.

«Понятно, — подумала Ника, — значит, его жена скандальная тетка. Спорит по любому поводу. Ну и прекрасно. Вот здесь у нас точно будет по-другому». Она и вправду была неконфликтным человеком. Но здесь решила оглядываться. Тогда еще были большие надежды на то, что он разведется и уйдет из семьи. Но не случилось. Со временем острое чувство обиды и несправедливости отступило, и Ника почти смирилась. Конечно, была долгая и трудная работа над собой. Убеждала себя, что официальный брак и совместное проживание, так же, как и общее хозяйство, вещи не главные, главное — любовь. В это она верила свято. Любовь, взаимопонимание и ощущение своего человека. А это у них точно было.

Ника осторожно прилегла рядом. Илья обнял ее. И в эти минуты все разумные доводы катились в тартарары. Да и какие доводы, господи! Разумных доводов давно не было — оставались одни неразумные.

После, когда Илья откинулся на подушке, положив руки за голову, а Ника пристроилась у него на плече, он спросил:

— Ну что? От голода еще не помираешь?

— Помираю. Вопрос риторический или ты готов к подвигам?

Он притворно вздохнул:

— Готов. А куда мне деваться?

Пока Ника приводила в порядок волосы, которыми Илья всегда любовался, пока красила глаза и губы — чуть-чуть, слегка, соизмеримо утренней обстановке, Илья все еще лежал в постели, и было понятно, что вставать ему по-прежнему не хочется.

Ника обернулась:

— Ну и что дальше? Будем лежать?

Илья нехотя потянулся и сел на кровати.

— Эх, с каким удовольствием я бы сейчас поспал!

И тут Ника разозлилась: господи, да сколько же можно! За окном Венеция, лучший город на свете. Город ее мечты и сладких снов. А Илья? Нет, Ника все понимала — он был здесь не раз. Кажется, два или три. Но какая разница? Тогда он был не с ней. С кем — уточнять не стоит, скорее всего, с женой. Но сейчас они вместе! Он и она! Как можно сравнивать?

Ника резко встала с пуфика, обтянутого когда-то синим, а теперь белесым бархатом, и пошла одеваться.

Илья громко вздохнул и стал неспешно натягивать джинсы. По природе своей он был довольно медлительным, неспешным — даже странно, как ему удавалось существовать в большом бизнесе, в вечной спешке, переговорах, командировках и бесконечных деловых ужинах. По природе Илья был сибаритом, любителем тишины. А вот Ника — ловкой, стремительной. Всегда торопилась и всегда боялась опоздать. Лежать на диване, когда можно куда-то мчаться: в театр, на выставку, в гости, в кафе? Ей все хотелось успеть. А вот успешной она не стала — так, середнячок, рядовой сотрудник, хороший исполнитель.

— Жду тебя, — коротко бросила Ника и, пытаясь скрыть раздражение, вышла в коридор.

Надо остыть, чтобы не испортить поездку. «В конце концов, — принялась уговаривать себя она, — у нас еще целых пять дней, все наладится. Все наладится, да. И эту поездку Илюша устроил ради меня. Ему сюда не хотелось. Зима, сырость, дождь». Илья действительно уговаривал Нику поехать в теплую страну, в Израиль или на Кипр, или вообще махнуть куда-нибудь в Азию или в Африку, в Марокко, например, или в Тай. Там если не море и не океан, то уж точно солнце и теплый бассейн. Но Ника стояла насмерть — только Венеция. «И вообще, ты обещал!» И он согласился.

Ника всегда умела себя успокаивать и уговаривать, и Илье, кстати, это тоже нравилось.

— Характер у тебя золотой, — говорил он, — нет, правда, не баба, а золото! Как же мне повезло!

— Тебе определенно, — усмехалась Ника. — А вот мне... Не уверена.

— Тебе точно нет! — смеясь, подхватывал он. — Поверь, я-то знаю!

Наконец Илья вышел за дверь — красивый, высокий, ладный. Ее мужчина. Ее любимый мужчина. И это самое главное.

Держась за руки, они стали спускаться по старой мраморной лестнице с кое-где отколовшимися ступеньками, устланной синей ковровой дорожкой. Отполированные тысячами рук мраморные перила, картины с видами города и канала с гондолами — все как положено, старина и ее имитация. За дубовой резной темной стойкой лобби стоял молодой чернокожий мужчина с золотой серьгой в ухе. Вид у него был высокомерный и неприступный. Перебирая какие-то документы, на них он и не взглянул.

— Вот так, — усмехнулся Илья. — Вот такой сервис! Ну где ты видела такое пренебрежение?

Ника промолчала — вот сервис уж точно ее волновал в последнюю очередь.

— Вот именно, нигде! — продолжал Илья. — Ни в Европе, ни уж тем более в Америке! Не говоря уже про Россию. А здесь, — он кивнул на чернокожего за стойкой, — запросто! И знаешь почему? Да потому что им всем давно осточертели туристы! Такой наплыв, такой нескончаемый ежедневный поток. Какой-то всемирный туристический потоп, круговорот — белые, черные, желтые, со всего света. Пятнадцать миллионов туристов за год, как тебе? Ну и зачем, скажи на милость, им запоминать лица временных постояльцев? Зачем быть внимательными и любезными? Зачем улыбаться? Они не боятся потерять работу — гостиницы тут на каждом шагу. Попросят из этой, пойдут в другую. Ты заметила, какое пренебрежение написано на его скорбном лице?

— Нет. А надо было?

Илья махнул рукой и не ответил. Вышли на улицу под моросящий дождь. Илья поежился, поднял воротник куртки, посмотрел на серое, без малейшего просвета и надежды небо.

— Ну, рванули?

Кое-как справившись с зонтиком, Ника поспешила за ним, догнала:

— Иди сюда, под зонт!

Он раздраженно отмахнулся, и Ника почувствовала себя виноватой.

На улице было пустынно. Редкие туристы, в основном японцы, в одинаковых желтых прорезиненных плащах и таких же смешных шляпках-панамках, нацепив на камеры и телефоны целлофановые пакеты или чехлы, с серьезными лицами продолжали снимать достопримечательности.

Каналы были пусты — по-видимому, у гондольеров из-за паршивой погоды был выходной.

> Город чудный, чресполосный —
> Суша, море по клочкам, —
> Безлошадный, бесколесный
> Город — рознь всем городам!
> Пешеходу для прогулки
> Сотню мостиков сочтешь;
> Переулки, закоулки, —
> В их мытарствах пропадешь![1] —

вспомнила Ника и улыбнулась.

Да и магазины тоже были закрыты — светились лишь некоторые, в витринах которых

---

[1] *П. А. Вяземский.* Венеция.

переливались под яркой электрической подсветкой изделия из муранского стекла, главного бренда Венеции.

Илья шел размашисто и быстро, втянув голову в плечи. Шел отстраненно, словно Ники и не было рядом.

Заглянули в небольшой ресторанчик. Обрадованный хозяин бросился им навстречу. Еще бы — в зале они были одни. Было тепло, свет не включали. На темных панелях висели картинки с видами города — бесконечные гондолы, гондольеры с шестами в нарядных костюмах, Гранд-канал, мост Вздохов, площадь Сан-Марко, Дворец дожей, мост Риальто, церковь Санта-Мария-делла-Салюте — все то, что Ника тысячу раз видела на фотографиях и картинках, в журналах и на репродукциях. В музеях и в снах.

Они сели за столик.

«Все хорошо, — подумала Ника. — Я здесь. Вернее, мы здесь! Вдвоем. И впереди целых пять дней. Просто куксимся из-за погоды. Приехали из слякотной противной московской зимы в зиму другую — сырую, дождливую, влажную. Но я тут, в этом волшебном, удивительном, необыкновенном городе. Сбылась мечта! Только почему так грустно и тоскливо? Наверное, я редкостная зануда и неблагодарная свинья».

19

Ника попыталась смахнуть тоску, но получилось плохо — печаль не отпускала, и она еле-еле, с большим трудом, сдерживала слезы.

Илья лениво, словно нехотя, изучал меню.

Хозяин стоял у стойки и нервно поглядывал на гостей.

Наконец Илья выбрал стейк по-флорентийски с печеным картофелем, сто пятьдесят коньяка и большую чашку эспрессо. А Нике почему-то есть расхотелось. Но, чтобы не раздражать Илью, заказала омлет, салат с помидорами и, конечно же, кофе. Хозяин обрадованно закивал и, приняв заказ, шустро побежал на кухню.

Они молчали. Опустив глаза, Илья нервно постукивал костяшками по столешнице. Это — Ника знала — означало крайнюю степень раздражения.

«Господи! Да я-то при чем? Нет, правда? Разве я виновата, что такая мерзкая погода? Что холодно и неуютно в номере? Что сотрудник за стойкой проявил к нам неуважение? Что Илье хочется только валяться в постели?» По щеке потекла слеза, и Ника, резко встав, отправилась в туалет. Увидит — будет еще хуже, непременно разразится скандал. Да и вообще она не права — да, виновата! А ведь он говорил, что зима в Венеции — полная гадость! Сыро и ветрено, дождливо и тоскливо. Одним словом — не сезон.

А Ника, кажется, впервые была так настойчива и спорила, не соглашалась: «Венеция — всегда Венеция, в любую погоду! Это моя мечта. Мечта всей, можно сказать, моей жизни. И мне наплевать на погоду! К тому же летом, — выдохнула она, — ты, как всегда, не сможешь. У тебя, как ты обычно говоришь, другие планы».

Крыть ему было нечем — все это была чистая правда. Лето Илья проводил с семьей. Ей доставались октябрь, ноябрь, март или апрель. Что ж, тоже неплохо.

Ника всхлипнула, посмотрела на себя в зеркало, умылась холодной водой и, надев на лицо улыбку, одернула свитер и пошла в зал.

Илья пил коньяк.

— Вкусно? — миролюбиво улыбнулась Ника.

Илья кивнул. Еду принесли быстро, и по зальчику поплыл вкусный аромат свежежареного мяса.

Положив в рот первый кусок, Илья застонал от удовольствия.

— Бо-же-ствен-но! — пропел он. — Это просто божественно! Тает во рту, легче мороженого!

— Ну и отлично! — с облегчением выдохнула Ника и подумала: «Да он был просто голодный! А голодный мужик, знаете ли, совсем не подарок».

Насытившись и выпив, Илья пришел в благостное настроение:

— Ну, малыш, теперь баиньки?

Ника покачала головой:

— Я — нет. А ты как хочешь.

И снова почувствовала его раздражение.

Илья развел руками: дескать, хозяин барин. Но на его лице была гримаса недовольства. Молча вышли на улицу. Ника раскрыла зонт и замерла в растерянности. Погода и вправду была отвратительной, хуже и не придумаешь. Илья с ехидцей поинтересовался:

— Ну что? Не передумала?

Честно говоря, ей тут же захотелось в номер, под одеяло, покрепче прижаться к нему, блаженно закрыть глаза и слушать, как мелко барабанит дождь по стеклу, и, постепенно согреваясь, провалиться наконец в сладкий глубокий сон.

— Нет, не передумала, — твердо ответила она. — Валяться в номере, когда за окном Венеция? — И с плохо скрываемой обидой уточнила: — Ну что? До встречи?

Он молча кивнул с равнодушным видом и огляделся.

— Господи, ну что тебе так нравится? Посмотри вокруг: эта твоя дорогая Венеция — просто старая и облезлая кокотка, изо всех сил прикрывающая морщины и дряхлость. Что тебя так восхищает, убей, не пойму! Здесь все пахнет затхлостью и плесенью. Нет, если еще все это подсветить, может, и ничего. А так — извини. Шляться по городу под дождем и умиляться и восторгаться? — Не прощаясь, он развернулся и быстро пошел к гостинице.

Глядя ему вслед, Ника было заплакала, но взяла себя в руки и, отогнав обиду и грустные мысли, стряхнула зонт, огляделась и бодро направилась вперед.

Она вышла с узкой, казалось бы, совсем незначительной улочки — хотя уже поняла: здесь они все узенькие и очень значительные — и вдруг, как по мановению волшебной палочки, оказалась на площади Святого Марка. Это было как в сказке, когда открывается потертая крышка старой шкатулки и ты, немножко робея, вместе с чудом все же ждешь подвоха. Робеешь и предвкушаешь. И еще — очень надеешься. И перед тобой открывается нечто такое, что на пару минут ты просто перестаешь дышать. Да что там — ты в оторопи, ты в недоумении: так бывает? Нет, ты сто раз все это видела на картинах, но сейчас... Сейчас ты стоишь здесь, на этих светлых камнях, выложенных аккуратной елочкой, и пытаешься осознать, что все это, между прочим, XIII век. Ты стоишь под этими арками-сводами, а перед тобой — чудо. Обыкновенное чудо. Ника не чувствовала, как по щекам катятся слезы, смешанные с дождем. Сколько времени она так простояла? Какая разница? Вернул ее к действительности чей-то крик, и, вздрогнув от неожиданности, она немного пришла в себя.

Площадь была почти пустой — голубей, неотъемлемой части пейзажа, не было вовсе: не только люди, но и птицы попрятались от дождя. «Увидеть Венецию и умереть!» — перефразировала она слова классика. И правда, красивее этого города Ника ничего не видела. Высоко задирая голову, Ника шла по площади, разглядывая барельефы, фрески и мозаику, колонны святого Марка и Теодора, часовую башню, здания Старой и Новой прокурации, библиотеку, и вышла на пьяцетту — небольшую площадку у канала, предваряющую большую пьяццу. Ника постояла у воды, зеленой и мутноватой, вглядываясь в укрытую дымкой тумана базилику Санта-Мария-делла-Салюте.

> Золотая голубятня у воды,
> Ласковой и млеюще-зеленой
> Заметает ветерок соленый
> Черных лодок узкие следы.
> <...>
> Как на древнем, выцветшем холсте,
> Стынет небо тускло-голубое,
> Но не тесно в этой тесноте
> И не душно с сырости и зное[1].

---

[1] *А. Ахматова.* Венеция.

Пару минут раздумывала, не окликнуть ли ей гондольера, но было так сыро и ветрено, что она не решилась.

> Холодный ветер от лагуны.
> Гондол безмолвные гроба.
> Я в эту ночь — больной и юный –
> Простерт у львиного столба[1].

У воды она окончательно продрогла и вернулась на площадь. Дождь усилился. Ника спряталась в галерее, под сводами у кафе «Флориан», не решаясь туда войти. Нет, испугали ее не цены, хотя были они, конечно, заоблачными. Но это нормально. Еще бы, посетители там бывали такие, что нечему удивляться: Гёте, Байрон, Казанова, Руссо, Хемингуэй, Модильяни, Стравинский и Бродский. Да и само кафе — место историческое. Его открыли в 1720 году, и оно стало первым местом, где могли собираться и женщины. Бальзак писал — она помнила почти дословно: «Флориан был и биржей, и театральным фойе, и читальным залом, и исповедальней, коммерсанты обсуждали в нем сделки, адвокаты вели дела своих клиентов, некоторые проводили в нем целый день и театралы забегали в кафе в антрактах представлений, даваемых

---

[1] *А. Блок.* «Холодный ветер от лагуны...»

в расположенном неподалеку театре «Ла Фениче». Она стояла, вспоминая строки Бродского: «Площадь пустынна, набережная безлюдна...»

Все так. Сквозь пелену мелкой мороси Ника смотрела на площадь Сан-Марко, пока не почувствовала, что промокли ноги.

Конечно, промокли — а все желание пофорсить. Надо было надеть резиновые сапоги или боты, а она, дурочка, нацепила сапожки из тонкой кожи — стиляга. Ника быстро пошла к гостинице, но заплутала — бесконечные, узкие, похожие друг на друга улочки словно смеялись над ней и водили по кругу. Вымотавшись окончательно, она набрела на небольшое кафе, зашла, села у окна, заказала чай и каштановый торт — что это, интересно? Тут же под столом скинула мокрые сапожки, но все равно никак не могла согреться. «Не дай бог, заболею, — повторяла она, — вот это будет номер! Вот тогда-то и получу от Ильи по полной программе — что-что, а ерничать и подкалывать он умеет».

Водки в кафе не оказалось, и Ника заказала сто граммов коньяка. Залпом, как водку, выпила его, перехватив удивленный взгляд бармена, который спешно принес ей чай с куском торта. Коричневый торт был влажным, пропитанным чем-то чуть горьковатым и немного похожим на шоколадную коврижку, которую в далеком детстве часто пекла мама.

Выпив чаю, она наконец согрелась. Коньяк немного ударил в голову, и стало легко и свободно. Где-то запели колокола.

Ника смотрела в окно и вспоминала:

> Колоколов средневековый
> Певучий зов, печаль времен,
> И счастье жизни, вечно новой
> И о былом счастливый сон[1].

«Все это глупость, — подумалось ей. — Моя бабская глупость. Не послушалась и поперлась в такую погоду! А Илья — разумный человек. Ну кто сегодня пойдет шляться по городу? Только умалишенные, верно. И злюсь я на себя, потому что сама виновата. И я еще обижаюсь. Все, домой, в номер. Быстро в душ, и к нему под бочок. Под самый любимый на свете бочок — и больше мне ничего не надо. Только бы не заболеть, господи! — повторяла она. — И только бы не заблудиться!»

Заблудилась, конечно. Снова ходила кругами и проклинала себя.

Норов, видите ли, проявила! Столько лет сидела тише мыши и не спорила. И вдруг на тебе!

---

[1] *И. Бунин.* «Колоколов средневековый...»

И кстати, почему? Не понимала сама. Уф, наконец родная гостиница! Нашла, слава богу.

Чернокожий красавец у стойки поднял на нее удивленные глаза: сумасшедшая русская! Прогулка в такую погоду! Смущенно, словно оправдываясь, Ника жалко улыбнулась и бросилась к лифту. Невыносимо хотелось под горячий душ и в постель.

Илья лежал на кровати и смотрел телевизор. На экране довольно облезлый старый лев вяло терзал антилопу.

Ника вздрогнула и поежилась: «Господи, ну как на это можно смотреть?» Нет, все-таки мужики странный народ. Странный и кровожадный».

Илья повернул голову и, оглядев ее с головы до ног, ухмыльнулся:

— Ну что, нагулялась? И как оно там? — кивнул на окно, по которому струились струйки дождя.

— Хорошо, — слишком бодро ответила Ника. — Все равно хорошо! Венеция, знаешь ли, прекрасна при любой погоде!

— Ну да, — усмехнулся Илья. — Даже в раю бывают дождливые дни, как же, помню!

Она скинула мокрые сапоги, куртку, влажный свитер и брюки.

— Ну а как ты? Чем занимался?

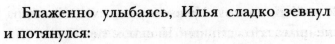

Блаженно улыбаясь, Илья сладко зевнул и потянулся:

— Я? Да у меня все отлично! Часик поспал, потом заказал кофе. Потом принял душ и вот — лежу и балдею!

Ника бросила короткий взгляд на экран: теперь антилопу терзала уже целая семья, мама-львица и пара «младенцев».

— Ага, балдеешь. Понятно, есть отчего.

Побежала в душ, встала под горячую струю и замерла от счастья — господи, и чего выпендривалась? Здесь же так хорошо!

Заказала чаю с мятой, выпила и уснула. Сквозь сон слышала, что любимый по-прежнему смотрит телевизор. Правда, звук поубавил — ну и на этом спасибо.

Проснулась, когда за окном было темно.

Илья уже спал.

Ника потянулась к нему, осторожно прижалась лицом к его плечу, не решаясь прильнуть всем телом. Он чуть скривился, дернулся, как от щекотки, и перевернулся на другой бок. Ника тяжело вздохнула, легла на спину и стала смотреть в потолок.

Ну почему так грустно? Почему? Человеком Ника была ровным, без рефлексий. Переменами настроения не страдала. Ну и вообще считалось, что у нее прекрасный характер. Что это с ней? Да, погода сущее барахло. Да, она была не права. Но все равно за окном Венеция и они вместе, только вдвоем! Илюшка, родной и любимый, рядом — ну что еще надо?

Спать, спать. А что еще делать?

Проснулась она в следующий раз, оттого что услышала тихий, приглушенный разговор — его голос доносился из ванной. Осторожно, боясь, что заскрипит старый рассохшийся пол, подошла к двери — всего-то полтора шага. И замерла, превратившись в сплошное ухо.

Да, нехорошо. Да просто отвратительно, что уж тут! Ее воспитывали совсем иначе: Ника никогда не залезала к нему в телефон, не заглядывала в его ежедневник. Никогда, честное слово! Никогда не интересовалась подробностями его семейной жизни. Нет, кое-что, разумеется, знала: женат он пятнадцать лет, на одногруппнице, первая любовь. Через два года после свадьбы у них родился сын, через четыре родители построили им кооператив. Ну а дальше — гарнитур, автомобиль. Одним словом, семья. Жили по-разному, в том числе и материально, бывали и тяжелые времена.

Но он сумел сделать карьеру, создал на паях консалтинговую компанию, раскрутился и стал обеспеченным человеком. Все сам, все один, без чьей-либо помощи. Жить стало веселее — появились деньги.

Про его жену знала только, что ее зовут Татьяной. Про сына чуть больше — мальчик Ваня, лентяй и обалдуй. Нормально, сейчас они все такие. Да, есть еще теща, Виолетта Леопольдовна. Как имечко, а? Леопольдовна занимается отпрыском, кажется, больше, чем мама. Мама типа работает — впечатление именно такое, именно типа. Три раза в неделю эта Татьяна в юридической компании товарища своего мужа консультирует граждан по вопросам разводов. И, скорее всего, особо не утруждается. Но это не наше дело, как говорится. Хотелось бы Нике одним глазком взглянуть на эту Таню, законную, так сказать? На этот вопрос ответить сложно. И да, и нет. Да, потому что любопытно. Нет, потому что страшновато. А вдруг этот юрисконсульт окажется писаной красавицей, а значит, шансов на то, что он в один прекрасный день с ней разведется, совсем нет?

Говорил он тихо, и слышно было отвратительно. Но вдруг повысил голос:

— Поезжай с бабушкой! Поезжай с бабушкой, я тебе сказал! Свинья ты, Иван! Мать неделю в больнице, а ты...

Ника отпрянула от двери. Выходит, его жена неделю в больнице, а он уехал с любовницей развлекаться, шляться по ресторанам, любоваться красотами, валяться в постели.

Сердце часто забилось, и она, как учила мама, сделала три глубоких вдоха и выдоха. И немедленно юркнула в постель — спит она, спит, не просыпалась.

Илья еще долго не выходил из ванной, и Ника почувствовала запах табака и очень удивилась: курить Илья бросил пару лет назад и теперь хватался за сигарету крайне редко, при очень сильном волнении.

Вышел, не глянув на нее, подошел к окну, стоял долго, минут десять, и наконец обернулся.

Ника потянулась, делая вид, что просыпается.

Открыла глаза и улыбнулась:

— Привет.

Дуться и обострять ситуацию не хотелось — ему и так сейчас невесело.

Илья молчал, внимательно разглядывая ее, напряженно о чем-то думая.

Или ей показалось?

Наконец спросил:

— Ну что, выспалась? Может, закажем ужин? Очень хочется есть.

Ника обрадованно закивала и стала внимательно изучать меню.

Салат капрезе, прошутто, чиабатта и бутылка красного вина.

Легко и изысканно.

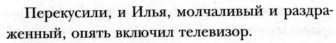

Перекусили, и Илья, молчаливый и раздраженный, опять включил телевизор.

Ника уютно пристроилась у него на плече. Он чуть приобнял ее, но она видела, чувствовала, что он не здесь, далеко. Что же, все понятно, если дома такие дела. Но почему он уехал с ней в Венецию, а не остался в Москве?

Так и уснул, «безо всяких там домогательств», как грустно пошутила про себя Ника. Ей не спалось. Понятное дело — выспалась. И снова крутила все в голове — Илья не остался с больной женой. Уехал с любовницей. Сволочь? Ну, наверное, да. Впрочем, может, с женой не так все и страшно. Хотя вряд ли ложатся в больницу по пустякам.

Илья так любит ее? Так любит, что поехал с ней, а не остался, несмотря на проблемы, дома? Так любит и так дорожит, что боится ее огорчить, зная, как долго Ника мечтала об этой поездке? Нет, вряд ли — она хорошо его знает. Вряд ли он так боялся ее расстроить.

Ведь отменялись же несколько раз поездки и рушились планы, когда были сложности на работе? Выходит, эта законная просто его мало волнует и ему на нее наплевать? Но он же живет с ней, не уходит! И все-таки она его жена, мать его сына. И человек в беде, в больнице. А он — здесь. С ней. С любовницей.

«Да какое мне до всего этого дело? — Ника попыталась уговорить себя саму. — Какое мне дело до этой Татьяны-юрисконсульта, этого мальчика Вани и этой, по всей видимости, совсем непростой Виолетты Леопольдовны? Я и они — две параллельные жизни, параллельные и не пересекающиеся! Конечно, мне его жалко. Настроение у него хуже некуда. Из-за болезни жены или из-за черствости сына? Ладно, проехали, — продолжала себя уговаривать она. — Это не мое дело. Я здесь, в Венеции! И Илья рядом со мной. Со мной, а не с ней, между прочим. И нечего думать о чужих людях».

Но почему она не ликует по этому поводу? И почему же ей стало еще тоскливее, еще муторнее? Почему на сердце так скребутся противные кошки?

Дождь моросил всю ночь без остановки. В пять утра она все же уснула. Проснулась от шума воды — Илья был в ванной.

Подскочила к окну: да, снова дождь. Свинцовое небо затянуто плотно, без щелочки просвета. Впрочем, по прогнозу было именно так. А Ника так надеялась, что метеорологи, как всегда, ошибутся!

Илья вышел из душа и улыбнулся. Слава богу!

— Ну что, детка, как настроение? Планы такие — плотный завтрак, много черного сладкого кофе. Десерт, если желаете. Ну а дальше, милая, в номер. Увы! Кстати, ты, детка, не разболелась?

— Как видишь, цела. Я пойду гулять. Не могу сидеть здесь, в номере! Когда за окном...

— Ясно, — перебил ее он. — Бунт на корабле продолжается. У тебя, случаем, не ПМС? Ну что ж, твой выбор! — И усмехнулся: — Мы свободные люди!

— Я — точно! — не удержалась Ника.

Илья, кажется, разозлился. «Ну и черт с тобой, — подумала Ника. — Целый день в номере — ну уж нет, извините! Смотреть «Планету животных», эти кровавые страсти? Правильно сказала — я свободный человек. В отличие, кстати, от него самого!»

Ника быстро оделась, подкрасилась и у двери обернулась:

— Не волнуйся, я перекушу по дороге!

— А я и не волнуюсь, — не поворачивая головы, равнодушно ответил Илья и повторил: — Хозяин барин.

Ника зашла в обувной магазин — благо, совсем рядом, за углом, — и купила резиновые сапоги ярко-красного цвета, с золотистой шпорой на пятке. Там же — зеленый дождевик, других, увы, не было.

Глянула на себя в зеркало: ну чисто попугай! «Ну что ж теперь вперед! — сказала она себе и бодро шагнула на улицу, повторяя: — Теперь не страшны нам ни буря, ни ветер!» Только бы не заплакать. Правда, слез ее никто бы и не заметил — дождь лил беспрестанно, и капли воды попадали на лицо. Прохожих почти не было, да и кому до нее дело — бредет какая-то сумасшедшая в красных сапогах с золотой шпорой и в ярко-зеленом плаще.

«Нет, все понятно, — снова размышляла Ника. — Настроение у него отвратное. Жена в больнице, сынок, как всегда, чудит. Ну и вдобавок — погодка нашептывает. И тут я со своими обидками и выпендрежем. К чему он, надо сказать, не привык. Я ведь всегда была для него отдушиной, утешительницей, тихой радостью, как он говорил. И раньше казалось, что моя тактика — единственно правильная: там — скандалы, здесь — благостная тишина. Там — попреки и претензии, здесь — восхищение и благодарность. Там — бесконечные требования, в том числе — и материальные. А здесь... Здесь — ничего! Ни разу, за все долгие восемь лет, я не намекнула ему о своих проблемах! А они, разумеется, были. И разного, надо сказать, калибра. Но всегда справлялась сама».

Нет, жадным Илья не был — ни-ни! На духи, билеты в театр, совместные поездки, какую-то недорогую ювелирку денег никогда не жалел.

Но ни разу не спросил, нужны ли ей деньги. Ни разу. Даже когда болела мама. А расходы там были ого-го. Ничего, взяла кредит. Справилась.

Наверное, хорошо, что не предлагал ей денег, — ее дурацкая щепетильность, их семейная щепетильность, возведенная в немыслимый ранг, все равно не позволила бы их принять. Да Ника бы сошла с ума, если бы пришлось взять у него деньги.

Подружки смеялись и считали ее полной дурой. Любовник? Да это его прямые функции и обязанности! Тем паче что Илья — человек, по нынешним временам, состоятельный.

Но было так, как было.

Обид на него у нее точно не было. На фоне «чудесного» настроения вспоминались и другие вещи, куда более важные.

После полутора лет их страстного романа Ника залетела. Терзалась, сказать ли Илье. Боялась его реакции. Подруги уговаривали ребенка оставить: «Тебе к тридцати, чего ждать? Увидишь, уйдет из семьи! Или не уйдет, но точно не бросит. Поможет ребенка поднять».

Мама... Мама все время плакала и увещевала дочь, что делать аборт в таком возрасте — преступление. В конце концов, их двое, уж как-нибудь вытянут! И ее мама растила одна —

отец ушел, когда ей было полгода. Словом, не привыкать. Но после долгих раздумий аборт все же сделала. Почему? Да только себе Ника могла сказать правду — боялась. Боялась, что он уйдет, просто разозлится на ее самовольство и уйдет. Откажется от нее. Тогда у них был все еще затяжной конфетно-букетный период. Самый сладостный период познавания друг друга и чудесных открытий. И тут на тебе.

Да, боялась его потерять. Дура? Наверное.

Может, тогда бы все изменилось и поменялось. Илья очень был влюблен, очень. Срывался с работы среди бела дня, чтобы только ее повидать, — пусть на полчаса, на десять минут. Ждал ее после работы, чтобы просто отвезти домой. Потом они долго стояли в подъезде и, как глупые подростки, никак не могли расстаться.

Переписывались по ночам: «Ты как? Спишь? А я уснуть не могу, скучаю».

Ника захлебывалась от счастья — дождалась! А уже ведь почти не верилось! Нет, романчики были, конечно. Но все полная чушь: сопливые, инфантильные мальчики-ровесники, маменькины сынки с потными и липкими ладонями и мокрыми губами. Все не то, не то, это было понятно. Почти смирилась. Ну не всем выпадает истинная любовь! А если это случается, то только раз в жизни. Вот мама, ее чудесная, замечательная мама. После ухода отца — ни одной попытки устроить свою судьбу. Почему? Да сама не хотела! Кавалеров, кстати, было хоть отбавляй в любом пансионате, в экскурсионных поездках — они с Никой изъездили всю Россию плюс Кавказ и Прибалтику, на впечатления денег не жалели. Мама говорила, что лучше сэкономить на тряпках и на еде, чем на впечатлениях и путешествиях. Умница мама. Так вот, мужики на маму слетались, как пчелы на мед. И неудивительно — она была красавицей. Зеленоглазая брюнетка, сохранившая фигуру и стройные ноги. Мама кокетничала, флиртовала, посмеивалась над ухажерами, но чтоб завести роман? Подросшая дочь искренне удивлялась: «Мам, почему? Ну чем плох, скажем, этот? А тот? Ведь вполне приличные дядьки!» А Олег Константинович, мамин начальник? Уж он увивался лет десять, не меньше! Высокий, седовласый красавец, к тому же умница, интеллигент. Правда, женатый.

Мама отрезала: «С семейным не свяжусь никогда, это табу. Как вспомню, что пережила после ухода отца! Нет, никогда. Кем бы он ни был». У мамы были моральные принципы. А у Ники, выходит, что нет. Однажды обмолвилась: «Твоего отца я любила так, как больше никогда не случится. А зачем мне другое? Нет, не хочу». Глупо, конечно. Ладно, замуж не надо — Ника и сама этого не хотела по причине подросткового эгоизма. Чужой мужик придет в их с мамой дом? Конечно бы, не возразила и не препятствовала, но, если честно, то не дай бог.

Но ведь необязательно жить вместе. Чем плохо просто иметь близкого человека — защитника, друга, поддержку. Но мамин максимализм, щепетильность и интеллигентность зашкаливали.

Осуждала ли мама ее? Наверное. Впрочем, не сказала ни слова. Такт и мудрость — в этом была вся мама. Как она плакала после Никиного возвращения из больницы! Но ничего не сказала, видела, как плохо дочке. И все, на этом тема закрылась.

Спустя лет пять, к чему — Ника уже и не вспомнит — у мамы вырвалось:

— Ах, как бы было хорошо нам втроем! Представляешь, если девочка, внучечка?

— Три девицы под окном, — усмехнулась дочь. — Ага, весело, аж жуть.

Но поняла: мама мечтает о внучке. Но больше шанса не представилось. Ни разу — как отрезало. Пару лет Ника предохранялась, а потом перестала, но ничего не получалось — скорее всего, причина была в неудачном аборте.

Ну и смирилась. О ребенке старалась не думать — не всем же дано. Значит, у нее такая судьба.

Илья так и не узнал о том аборте. «Не хочешь омрачать его существование и тревожить и так нечистую совесть? — усмехнулась подруга. — Боишься напрячь? Господи, какая же ты идиотка! Когда ты усвоишь: чем больше мужик за бабу переживает, чем больше в нее вкладывает всего — понимаешь? — нервов, денег, физических и душевных сил, тем дороже она ему становится. Почему не уходят от постылых и нелюбимых жен? А потому, что вложено много времени, сил, здоровья. Ну и бабок, конечно! Вот и выходит, что бросить жалко. Такие затраты! А ты? Идиотка».

Все так, подруга права. Но что тут поделаешь? У нее было так, а не иначе.

Но иногда думала: «А если бы? Если бы тогда решилась и оставила? Может, и вправду жизнь бы сложилась иначе и Илья все же ушел бы из семьи. Ведь он и вправду тогда был страстно влюблен и говорил, не мыслит без меня жизни».

Кто знает, что бы было — человеческая судьба, как и история, не терпит сослагательного наклонения. Жалела ли Ника об аборте? Жалела. Только сама не решалась себе в этом при-

41

знаться. А если бы они расстались тогда? Вот этого она бы точно не пережила.

Ну, значит, все правильно.

«Что меня так понесло? — недоумевала она. — Ведь я все понимаю. И даже пытаюсь, как всегда, его оправдать.

Откуда столько слез, господи? Так и рыдаю вместе с дождем». Слезы лились сами собой, а ведь она не из плаксивых. А тут обиды накатывали, как снежный ком. Все ему припомнила, все! А ведь раньше почти не обижалась — сама выбрала такую судьбу, на кого обижаться? Все понимала. Ну или старалась понять. А сейчас? Сейчас вдруг совершенно неожиданно для нее самой он, ее дорогой, ненаглядный, неповторимый Илюша, предстал обычным, скучноватым и капризным, не очень честным, хитроватым — словом, обычным гулящим мужиком! Да что там — вруном. Как он мог уехать в такое время, как мог оставить жену? А может, Ника его разлюбила?

Ника шла по узеньким улицам, слизывая бесконечные соленые, перемешанные с дождем слезы, и жалела себя.

Дождь то усиливался, пугая отдаленными раскатами грома, то утихал, словно посмеивался: сколько ты еще выдержишь? Улицы были по-прежнему пустынными. Выходило, что дураков, кроме этой странной, заплаканной, бредущей наугад женщины в дурацких красных сапогах с золоченой шпорой и нет. Правда иногда попадались японцы, неутомимые, жадные до впечатлений. Вот этих точно ничего не страшит. Они смешно жались друг к другу, как мокрые воробьи, и щебетали на своем птичьем языке. Наивные и немного смешные, упорные и любознательные, главные путешественники планеты Земля.

Зашла в кафе согреться. Кофе, круассан — здесь он назывался «бриошь».

Было вкусно, тепло и тихо. Разморило, и Ника старалась изо всех сил справиться с внезапно навалившейся усталостью и желанием закрыть глаза — хоть клади голову на стол и спи. Вернуться в отель? Ну вот еще. Показать ему, что он прав? Нет, без боя не сдастся! Ника быстро расплатилась и выскочила на улицу — прохлада и сырость ее непременно взбодрят!

Зашла в магазинчик стекла. Ну какая же красота невозможная, эти изделия из знаменитого стекла! Но и цены, правда, кусаются. Влюбилась в синюю муранскую черепаху в золотистых, розовых, голубых и зеленых разводах.

За ней внимательно и серьезно наблюдал продавец, синеглазый, жгучий брюнет, высокий и красивый, как бог, ну просто готовая модель для любого подиума! Нет, правда — не оторваться! И что, интересно, он делает в этой лавке? Увидев, что Ника любуется черепахой, улыбнулся:

— Я вижу, вам понравилась тартаруга? Красавица, верно? И знаете, синьора, — он ослепительно улыбнулся, — блу тартаруга приносит счастье. Кстати, она мастерица на неожиданные сюрпризы!

Ника усмехнулась: «Конечно! Сейчас ты, милый, мне такого наплетешь, что с собой не унесу. Я девочка взрослая, в сказки не верю, прости. Но смешно: тартаруга! Так мы тебя и назовем, дорогая!» Вертела так и сяк и не выдержала, разорилась и купила. Девяносто евро! Кошмар. Но знала — мама не осудит. «Какая красота! — воскликнет она. — И правильно сделала! Шмотки сносятся, а это останется на века. Будет стоять и радовать. И память к тому же».

И они действительно радовали, все эти немыслимой красоты египетские верблюды из пахучей кожи, деревянные таиландские слоны с крошечными бивнями из натуральной слоновой кости, милые голубоватые фигурки знаменитой фирмы Lladro из Испании, тоже купленные, кстати, за безумные деньги, серебряные статуэтки скрипачей из Иерусалима, сувенирный кальян из Стамбула и прочая чепуха, при-

везенная и купленная на сэкономленное на ка-
фешках, рынках и магазинах тряпья?

Только кому будет нужна эта память после
того, когда их с мамой не станет? Родственни-
ков у них, считай, нет: какие-то троюродные се-
стры в Череповце, да и виделись они пару раз
в жизни.

«Завещаешь знакомым, — грустно шутила
мама. — Ну или просто кому-то отдашь».

Но пока-то мы есть! И сине-золотая черепаха
встанет на сувенирную полку рядом с верблю-
дом и скрипачом! И они с мамой еще долго
будут любоваться всей этой ерундой. «И все-
таки, — вздохнула она, — немыслимая расточи-
тельность, да. Лучше бы купила... — Ника задумалась. — Что, кстати? Нет, все правильно,
прочь сомненья!» И, улыбнувшись, упрятала
свою тартаругу на самое дно сумки — не дай бог
что-то отколется. Настроение, надо сказать, немного улучшилось. Подойдя к кондитерской,
потянула носом: ах, какие запахи! Одуреть!
Корица с яблоками, горячее тесто и, кажется,
ром! Прошла было мимо, но тут же вернулась.
И черт с ними, с лишними килограммами! Удовольствия превыше всего! В конце концов,
она в отпуске! У витрины стояла долго — раздумывала. Решиться было и вправду сложно —
выбор огромный, да и красота немыслимая:

свежая малина на подушке из нежных сливок, залитые прозрачным желе синие сливы, золотистые персики, полукругом уложенные на песочное тесто. И орешки в глазури с шоколадной крошкой, и просто круассаны с чем угодно. Выбирай!

Наконец выбрала: два с малиной, два с земляничным желе, ром-баба и круассан с шоколадом. И тут же заторопилась в отель. Сластеной Илья был известным, значит, обрадуется! Ну и окончательное перемирие и ее полная капитуляция, два в одном, так сказать.

В отеле равнодушного негра за стойкой сменила девушка с татуировкой на щеке: голова льва, символа Венеции. «Однако, — усмехнулась Ника, — вот это патриотизм налицо. Точнее, на лице!» Там же, на стойке, попросила два кофе в номер. Девушка кивнула, не переставая жевать жвачку.

Не дожидаясь лифта, Ника легко вбежала на третий этаж.

Илья по-прежнему лежал в кровати и листал журнал.

Увидев ее, нахмурился:

— Нагулялась?

Ника улыбнулась, радостно кивнула, сбросила куртку и сапоги и протянула коробку с пирожными:

46

— Смотри, какая прелесть! А сейчас будет кофе! Ну вставай, поднимайся, лентяй! Сейчас будет пир!

Помолчав с минуту, словно раздумывая, стоит ли продолжать обижаться, он усмехнулся:

— Ну пир, значит, пир.

Принесли кофе, и Ника ловко накрыла на стол.

Сидели молча. Илья не делился впечатлениями, не причмокивал, не закатывал в восторге глаза и не хвалил ее за сюрприз. «Сдержанность — хорошее качество для мужчины, — усмехнулась про себя Ника. — Ну и черт с тобой». А после кофе решила похвастаться — вытащила свою тартаругу и с улыбкой протянула ему:

— Ну? Как тебе? Хороша? Не смогла удержаться. Правильно сделала?

— Наверное. Ты же знаешь, в этих вопросах я не силен.

Нике почему-то стало обидно. Почувствовала, как снова закипают слезы. Ну разве сложно было порадоваться вместе с ней? Но волю слезам не дала — резко встала и стала убирать со стола. Выходит, что крепко его задела, когда ушла одна гулять по дождливому городу. «Ну и черт с тобой, — подумала Ника. — У тебя свои обиды, у меня свои. Грустно одно: опять у нас с тобой что-то не получается».

Когда вернулась из душа, Илья лежал в кровати и смотрел телевизор. Тихо вздохнув, сняла халат и легла рядом. Они лежали на расстоянии десяти сантиметров друг от друга, и между ними была трещина, проем, ущелье глубиной в двести метров — не перескочить, не переехать. Ника отвернулась и закрыла глаза. Спустя пару минут Илья выключил телевизор, погасил ночник и заворочался, укладываясь поудобнее.

Ника почувствовала, как напряглось ее тело — спина, плечи, руки и ноги. От напряжения она немного дрожала. Но вдруг Илья осторожно, всем телом, прижался к ней, и, вздрогнув от неожиданности, Ника чуть расслабилась и постепенно оттаяла, размякла, растеклась, словно подтаявшее мороженое, но повернуться и встретиться с ним взглядом боялась. Боялась обнаружить свою радость и счастье.

Он крепко прижал ее к себе, и все вернулось на круги своя.

Нику затопило нежностью, накрыло горячей волной счастья и абсолютной, необсуждаемой любви. Повернувшись к Илье, она обняла его за шею.

Прошептать: «Любимый мой. Самый лучший. Единственный. Только ты! Прости меня, а? Ну что-то меня понесло... Бывает, правда?»

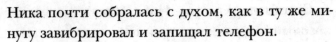

Ника почти собралась с духом, как в ту же минуту завибрировал и запищал телефон.

Он дернулся:

— Черт! Как всегда, вовремя!

Но звонок не проигнорировал и, глянув на экран, где высветилось имя звонящего, вскочил с кровати и бросился в ванную.

Ника откинулась на подушку и закрыла глаза. В эту секунду почувствовала себя опустошенной и обессиленной, такой усталой, будто разгрузила пару вагонов, и еще чудовищно, безвозвратно разочарованной.

«И так будет всегда, — подумалось ей. — Всегда, пока мы будем с ним вместе».

В ванной Илья перешел на громкий крик — не услышать его было невозможно. Было понятно — кричит на сына.

— Да разве так можно? Мать вторую неделю в больнице, а ты ни разу не выбрался к ней! Дел у тебя много? Как же, дела у тебя важные, не сомневаюсь! Какие, не перечислишь? А, уроки! Ну ты эти сказки оставь для бабушки! Замолчи, слышишь! И оправдания твои мне не нужны! Сегодня же, понял! С бабушкой или без! Но чтобы сегодня!

Минуту было тихо, видимо, мальчик Ваня пытался оправдываться.

Ника положила на голову подушку — слушать это было невыносимо.

Спустя пару минут Илья вошел в комнату красный как рак, разъяренный.

— Спишь? — спросил он раздраженно.

— Тут, пожалуй, уснешь. — Ника отвернулась к стене.

— Извини, — скупо выдавил он, — семья, понимаешь ли...

Ника резко села на кровати.

— Понимаю, как не понять? Прости за то, что лезу не в свое дело, а что, собственно, с твоей женой? Серьезные проблемы?

Илья удивился ее вопросу, густо покраснел, плюхнулся в кресло.

— Да так, ерунда, обследование.

— Обследование, — кивнула Ника, — понимаю. А вот насчет ерунды... Знаешь, мне кажется, просто так, из-за ерунды, в больницу не ложатся, извини.

— За что? — удивился он.

— Что лезу не в свое дело, — повторила Ника. — Но ты мне выбора не оставил. Если только прикинуться глухонемой.

— Ты права. Это ты меня извини.

— Послушай, а разве нельзя было отложить эту поездку? Перенести? Чтобы ехать со спокойной душой, с уверенностью, что все хорошо? Когда не болит душа за близких?

— Хо-ро-шо? — по складам повторил он. — А ты вообще понимаешь, как у меня хорошо? На работе проблемы. Партнер, — он чертыхнулся, — партнер мой, милый Дима Орланский, которого я, если ты помнишь, вытащил из фантастического дерьма, кажется, что-то замыслил. И, как понимаешь, не подарок к моему дню рождения. Жена? Да, у нее проблемы, как ты изволила выразиться. Что-то нашли, что-то подозревают. Очень надеюсь, что все обойдется. Очень, — повторил он, встал и подошел к окну. — Сын... Да, сын... Тут тоже проблемы, увы. Учиться не хочет, школу прогуливает. Врет постоянно. — Он почти перешел на крик и повернулся к ней. — Врет, понимаешь? Все время врет, даже по пустякам! Там, где это вообще не имеет смысла! Зачем, не понимаю! Вот искренне не понимаю: зачем? И это бесит меня больше всего! Да, кстати! Еще и деньги таскает! Нет, ты прикинь, из бабкиного кошелька, из моего. Что остается? Метить купюры? А для чего? Чтобы сдать его ментам? Поставить на учет? И ведь сволочь такая, — Илья усмехнулся. — Никогда и ни в чем мы ему не отказывали, понимаешь? Никогда и ни в чем! Чего ему не хватало? Тряпья? Да навалом! Айфон? На, заинька! Седьмой надоел? Вот восьмой! А дальше будет девятый!

Потерпи еще годик, малыш. Чего еще надо, не знаешь? Вот и для меня это большая загадка.

— Слушай, — сказала Ника дрогнувшим голосом, — ну ты же знаешь, так часто бывает. Перебесится, возраст такой! И все придет в норму, я тебя уверяю! Ну в кого ему быть... — Ника запнулась.

— Да ни в кого! — закричал Илья. — В самого себя, понимаешь? Сейчас они все такие — оторванные! Безбашенные, шибко смелые. И ни хрена не боятся — знают, гады, что их прикроют! Бабки дадут и прикроют — от армии откосят, в институт пропихнут. В конце концов, от ментов отмажут! Мажоры, блин! Сопляк! Четырнадцатый год, а наглости... Ты спросишь, кто виноват? А я тебе отвечу — мы, родители! Родаки, по их выражению! Пихали и в рот, и в жопу — нате вам, получите! Жалели, охали. Хотели дать всего и побольше — у нас же такого не было, правда? Так пусть будет у мальчика! А этот мальчик... — Он безнадежно махнул рукой и устало плюхнулся в кресло. — Бабке хамит, а она, между прочим, его больше всех балует и покрывает его делишки. В больницу к матери так и не съездил.

— А школа? — тихо спросила Ника. — Вы были в школе?

— Школа? — усмехнулся Илья. — Как же, были. Директриса знаешь что ответила? «Сейчас они все такие. Да не волнуйтесь вы так, кривая вывезет!» Кривая! Ты понимаешь, кривая! А для чего я пахал все эти годы, не скажете? Для чего все тогда: частные школы, педагоги эти, все удовольствия? А если не вывезет эта кривая? Туда, куда надо, не вывезет? Куда надо вывозит прямая, правда ведь? А кривая на то и кривая, чтобы вывезти криво, разве не так? По всем законам физики! К тому же жена, — от волнения он закашлял. — Депрессия у нее, понимаешь? От всех этих дел и подозрений... Ну, о нас с тобой. Ладно. — Он попытался выдавить из себя улыбку и хлопнул рукой по колену. — Что я тебя гружу, честное слово! Рассопливился, как полный мудак, извини. И так у нас с тобой в этот раз, — запнулся он, — как-то не очень, правда?

Ника подошла, обняла его за голову и крепко прижала к себе. Осторожно кивнула:

— Да, как-то не очень.

— Но я не мог отложить эту поездку. Ты так мечтала о ней, так долго ее ждала!

— Мало ли о чем я мечтала и чего долго ждала, — вздохнув, усмехнулась Ника. — Пережила бы и это.

И подумала: «Да не во мне дело, не надо рассказывать байки. А то я тебя не знаю. — Ты... Ты просто сбежал — от больной жены, от проблем! Не меня, себя пожалел. И все у тебя виноваты партнер, сын, теща. Жена. Я, наконец». И возникшая было жалость тут же исчезла — как не было. Остались раздражение и злость. Да, да, именно злость. Кстати, совершенно несвойственное ей чувство.

— Извини, — повторил он, смущаясь своих неожиданных откровений. — Достал меня сын, вот я и сорвался. Не выдержал. Остапа понесло, извини.

Надо признать, что нытиком и жалобщиком Илья никогда не был. Стараясь сгладить неловкость, он притворно повеселел:

— А ужин? Глупо его игнорировать, правда?

Ужинать ей совсем не хотелось, аппетита как не было. Да и парочка пирожных сделали свое дело. «Зря я их съела, — подумалось ей. — Что-то подташнивает». И снова навалилась адская усталость, просто руки не поднять. И ко всему прочему разболелась голова. «Все-таки заболеваю, — печально констатировала она. — Нашлялась, Илья прав. Проявила самостоятельность. Взбрыкнула, покорная лошадка. Вечная терпеливица и жалельщица».

— Закажи еду в номер, — предложила Ника, — совсем не хочется выползать на улицу, Илюша. Извини.

— Нет, давай все-таки выберемся! — продолжал настаивать он. — Залежались мы с тобой, совсем раскисли. Ну под зонтом, малыш! К тому же, — он улыбнулся и кивнул на вешалку, — у тебя есть роскошный дождевик и сказочные резиновые сапоги! Ну что? Одеваемся, детка? И не страшны нам ни буря, ни ветер!

«Господи, — подумала Ника, — как же мы совпадаем! В голову приходит одно и то же. Единение душ, прости господи. Только зачем?» И все же настояла на своем:

— Нет, не пойду. Неохота, устала. И веселиться не хочется, и изображать елку в цирке. И делать вид, что все хорошо. Надоело. Да и на душе очень пакостно. И потом, я действительно себя отвратительно чувствую. — Легла, укуталась в одеяло и отвернулась.

Понимала, что он обиделся. Замолчал и больше не уговаривал. И ужин в номер заказывать не стал. Размолвка так размолвка, по полной. Чего мелочиться?

Лег с краю, отодвинувшись от нее на самую дальнюю, как только позволила двуспальная кровать, дистанцию. Включил телевизор — спасибо, что на тихий звук. Перед сном подумала: «Ноги крутит, руки ноют, как батогами избили, точно заболеваю. Кстати, а что такое батоги? Надо завтра спросить у Гугла».

За ночь ни разу не обнялись — небывалое дело. Такого, кажется, раньше не было. Даже когда ссорились, обижались друг на друга, дулись — никогда. Ночь их всегда мирила. Стоило только прикоснуться друг к другу. Это было не только непреодолимое желание и страсть — эта была потребность, необходимость ощутить близость самого родного и любимого человека.

«Ладно, — убеждала себя Ника, — я не здорова, он расстроен, все объяснимо, живые люди. Как-то все обойдется».

Проснулась рано, за окнами только-только расплывался сероватый и мрачный, смазанный, тусклый рассвет. Втянула носом, кашлянула — горло не саднит, нос не заложен. Кажется, все нормально, спасибо, господи, пронесло! И правда, тело не ломило, руки, ноги не ныли. Кажется, было хорошо — словом, ура! Настроение у нее улучшилось — теперь все будет нормально, с сегодняшнего дня. Упрямиться и обижаться она больше не станет. Ну и капризничать тоже. Ника подошла к окну, раздвинула тяжелые шторы, почти одновременно распахнулись гардины в окне напротив, и чья-то рука приоткрыла окно. Следом показался нечеткий женский силуэт. Чуть наклонившись, женщина осторожно выглянула в окно.

Была она молода, скорее всего, ее ровесница — немногим за тридцать. На ней была слишком большая, свободная, белая, явно с чужого

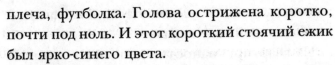

плеча, футболка. Голова острижена коротко, почти под ноль. И этот короткий стоячий ежик был ярко-синего цвета.

«Ничего себе, — усмехнулась Ника. — Вот тебе и немолодая, увешанная тусклым золотом дама с растрепавшейся за ночь прической, в тяжелом бархатном халате с кистями».

На минуту отвернувшись, женщина появилась вновь. Теперь уже с сигаретой. Облокотившись на подоконник, синеголовая увидела любопытную мадам в окне напротив и, улыбнувшись, приветливо ей махнула.

Нике стало страшно неловко, как будто ее застали за чем-то неприличным. Хотя это и было неприлично — подглядывать в чужое окно. И ведь не объяснишь свои фантазии! И не извинишься.

Ника выдавила из себя улыбку и неуверенно кивнула в ответ.

Но синеголовая уже на нее не смотрела — повернув голову, громко выговаривала что-то невидимому обитателю или обитательнице загадочной квартиры.

Она уже почти кричала, и было понятно, что она очень раздражена и недовольна. Бросив сигарету на улицу — ого, ну и нравы! — громко захлопнула окно и скрылась в квартире. Вращаясь, окурок медленно приземлился и, словно лодчонка, радостно подхватился, поспешил по мутно-зеленой воде канала.

Из квартиры напротив доносился громкий и явно немирный разговор.

«Все как у всех, — со вздохом подумала Ника. — Везде и на всех языках». Только собралась отойти от окна, как оно вновь распахнулось и появился молодой мужчина с обнаженным торсом. Надо сказать, что торс этот был ого-го! На крепких, мускулистых руках незнакомца синели и краснели густые витиеватые татуировки — дань нынешней моде.

Татуированный, поигрывая смуглыми, сильно накачанными бицепсами, почти вывалился из окна.

Ника стояла за занавеской, почему-то не в силах оторваться от обитателей квартиры. Свет зажегся, и она наконец увидела комнату, совсем небольшую, полукруглую. На гладко-белых стенах беспорядочно висели картины без рам — что-то современное, то, что Ника никогда не любила — холодное, бездушное, геометрическое. Кубы, квадраты, круги, кривые изломанные линии — безжизненная пустота. И не старайтесь выдать подобное за шедевр — Ника все равно не поверит.

С потолка свисала одинокая и безжалостно яркая лампочка-галлогенка. И никаких тебе венецианских люстр, никаких потертых тяжелых комодов. Никаких канделябров, бюро, оттоманок, потускневшего хрусталя и позеленевшей, покрытой патиной бронзы. Не было и немолодой, одинокой, разочаровавшейся в любви хозяйки.

Ничего этого не было — все это придумано ею. Никакой загадки — два молодых, явно хиппующих человека и унылая, неуютная, полупустая, холодная квартира.

Вот и получи, фантазерка.

Испытав нелегкое разочарование, Ника задернула шторы. Еще одно. Надо взрослеть, дорогая, возраст сказок прошел.

Закинув руки за голову, Илья смотрел на нее,

Ника смутилась, покраснела и рассеянно улыбнулась.

— Ну что, — спросил он, — подглядываешь? А ты вроде никогда не была любопытной.

— Да ну... — Ника смущенно махнула рукой. — Просто нафантазировала себе черт-те что. А все оказалось не так...

— Ну... — Илья широко и сладко зевнул. — Обычное дело, что тебя удивляет? Всё наши фантазии.

— Да, — согласилась она, — ты прав.

Кольнуло сердце, и вновь стало невыносимо грустно. И почему? А ведь они почти помирились...

А за окном монотонно лил докучливый дождь.

Сходили на завтрак, заглянули в парочку магазинов, купили какой-то копеечной ерунды вроде карнавальных масок и колокольчиков на подарки коллегам.

Снова зашли в кафе, выпили кофе с пирожными, о чем-то непринужденно болтали. Словом, изо всех сил делали вид, что у них все нормально, все по-прежнему. Но это было не так. Оба — а это было заметно — чувствовали: что-то изменилось в их отношениях.

Вечер был тихим, домашним, и они с удовольствием смотрели древний фильм с Гарри Купером под легкое белое винцо, закусывая его отменным прошутто и дивной полужидкой горгонзолой.

От вина и вкусной еды Нику сразу сморило, а Илья еще долго листал журнал и время от времени залезал в телефон. Ждал сообщений?

Среди ночи она проснулась и посмотрела на него: Илья спал неспокойно, постанывая, резко переворачиваясь с бока на бок, и на его лице была гримаса отчаяния, даже боли, словно эти перемещения доставляли ему страдания.

Она смотрела на него долго, внимательно, вглядываясь в такое знакомое и родное лицо, словно пытаясь что-то понять.

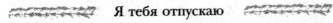

«Вот, — думала Ника, — рядом со мной лежит самый родной человек на свете. Самый любимый. Незаменимый, так мне всегда казалось. Я не могла и представить никого рядом, кроме него. За все эти восемь лет я не посмотрела ни на одного мужчину — мне они были просто неинтересны. Я скучала по нему ежедневно. Если мы не виделись несколько дней, мне казалось, что дни эти прожиты зря, потому что без него. Все эти восемь лет я замирала от восторга и счастья, когда он меня обнимал, когда я слышала его голос и улавливала его запах. Меня бросало в дрожь от его прикосновений. Мне нравилось в нем все. Я не замечала его недостатков. Точнее, не хотела их видеть, так мне было проще. Меня не мучила совесть, что мой любимый женат. Не мучила, правда! Потому, что я знала: главное — любовь. Важнее нет ничего. А у нас эта любовь точно была. А все остальное... Его семья, их с женой общий стол и общая постель, их ребенок — все это не главное. Ну есть и есть, так получилось. Там сплошное вранье, здесь все правда. Я никогда не старалась увести его от семьи, честное слово! Мне было достаточно того, что у меня есть. Я твердо была уверена: у меня есть то, чего нет у нее. Выходило, что я богаче. И счастливее. К тому же мне не врут и обнимают меня по желанию, а не по принуждению. Там сплошные обязанности и обязательства, здесь одни радости и абсолютное счастье. И никаких обязательств, вообще никаких! Так я думала все эти годы. Что же изменилось теперь, почему у меня появились сомнения? Или это только дурацкое настроение, неважное самочувствие и поломанная, не оправдавшая моих ожиданий поездка?»

Ника лежала без сна, уставившись в темный потолок, на котором бликовала вода, подсвеченная старым, ржавым фонарем.

Восемь лет назад она поставила крест на семье, детях, семейном уюте, общей квартире и общих делах. Да, дела у них были разные — у нее свои, у него свои. Общими у них были только их встречи. Восемь лет встреч, коротких и не очень. Нет, только коротких — ей всегда не хватало нежности, объятий, времени.

Подруги не оставляли ее в покое, подсовывая кавалеров и женихов. Парочка, надо сказать, была совсем неплоха. Например, Виктор из Саратова, двоюродный брат подружки Лерки. Вполне приличный мужик, сорокалетний, разведенный, бездетный. И внешне неплох, и совсем не дурак. Да и ухаживал красиво, не придерешься: цветочки, кафе, билеты в театр. Встретились раза три. Уговорила все та же Лерка, позвав для поддержки в таком важном деле Машку, другую верную подружку. И что? Да ничего. Томилась, как Пенелопа, при появлении очередного жениха — скорее бы сбежать! В конце концов стало окончательно понятно: нет. Он, слава богу, все понял и больше не беспокоил. Лерка, кстати, на нее обиделась: такие женихи на дороге не валяются, дура!

Следующим был Генрих, племянник маминой подруги. Тоже вполне ничего, симпатичный, нотариус, не бедняк. И снова мимо. Сидели в дорогущем ресторане, ели вкуснейшую дорадо, пили замечательное вино, и Ника думала о том же: скорее бы домой.

Он все понял с первого раза, видя ее равнодушные, пустые глаза, и, к счастью, больше не позвонил. Все правильно, такие мужики на дороге не валяются. И цену себе знают отлично. А ей того и надо.

А вот его, своего Илюшку, она готова была ждать всегда, каждый день. Пусть не свидание, а звонок и короткий, пустой разговор. Ей хватало. Пусть встреча в машине, всего-то на десять минут. Пусть чужая постель в случайной квартире. И пресловутые чужие простыни — пусть, какая разница? Кстати, по случайным квартирам мотались три года, а потом у них появилась «своя» — съемная, разумеется.

Но как же она была счастлива! Бросилась покупать постельное белье и подушки, полотенца и покрывала, посуду и кастрюли.

А еще вазочки, крокусы в горшках, коврик при входе, халаты в ванной, тапочки, зубные щетки, шампунь — имитация семейного дома. Жалкая, надо сказать, имитация.

Тогда поймала себя на мысли: «Получается, вью гнездо?» И тут же отмела ее: «Да нет же, нет! Как любая нормальная женщина, пытаюсь создать элементарный уют». Врала себе. Врала, что ничего ей не нужно, что всего достаточно. Ладно, что врала всем, — пустяки, все врут друг другу. Врала себе. А это самое страшное, потому что теряешь себя.

Какие глупости: «Мне ничего больше не надо, и меня все устраивает». Какую нормальную женщину это может устроить? Квартира на пару часов, чужая кушетка. И чужой муж.

Кстати, их первое настоящее свидание случилось зимой, в январе, на холодной и полупустой даче его приятеля. И почти до самого лета эта самая дача была их любимым прибежищем. Маленький финский домик в поселке Кратово: три елки у забора, несколько осиротевших обнаженных яблонь, остов парника, сарайчик с садовым инвентарем.

Зима была суровой, но домик, как ни странно, оказался теплым — печку топили раз в сутки.

Кстати, откопали в сараюшке мангал и жарили на нем мясо. Выяснилось, что шашлык среди зимы ничуть не хуже, чем летом. А может, им тогда все нравилось... Потому что было одно сплошное счастье. А в марте вдруг начались дожди — небывалое дело! И вся весна была страшно дождливой, словно природа перепутала, отвлеклась на что-то и вместо положенной весны вдруг наступила осень. А им было все равно: снег, мороз, дожди! Они вообще тогда выбирались из кровати на полчаса, перекусить или выпить чаю. И еще они мечтали, чтобы эти дожди продолжались все лето — им огородов не разводить! А вот чадолюбивое семейство приятеля тогда на дачу не переедет. Но в начале июня дожди прекратились, и пришлось покинуть гостеприимную дачку. И начались кочевки по разным углам и гостиницам. Иногда уезжали из Москвы.

И ничего ее не раздражало, ничего — ни случайные кемпинги и гостевые дома со стойким запахом чужого блуда, ни гостиницы «на час», где в номере с бордовым шелковым покрывалом уж точно должна была бы оскорбиться девушка из приличной семьи. Ну или хотя бы посмеяться. Ее все устраивало. Так почему же так раздражает сейчас?

В чем она может его упрекнуть? Он всегда был честен и никогда не обещал ей уйти из семьи. Сначала «маленький ребенок, неработающая жена» — тогда юрисконсульт Татьяна еще была домохозяйкой.

— А почему твоя жена не работает? — удивилась Ника. — Это же скучно! Тем более что ребенком занимается бабушка.

Увидела: вопрос ему не понравился.

— Это, детка, наше семейное дело, — жестко ответил Илья. Но тут же спохватился: — Тебе это надо? Зачем тебе чужая головная боль?

Обиделась, но виду не подала. Но на всю жизнь усвоила — эта территория обозначена флажками. И за эти флажки — ни-ни. Никогда.

Было еще и такое: пару лет назад в случайном разговоре осмелилась дать совет по воспитанию ребенка. Совсем невинный, пустяковый. Но снова вляпалась. Он ответил грубо, незаслуженно грубо. Несправедливо был резок. За что? Обиделась страшно, два дня не брала трубку — немыслимая история.

В чувство привела мама:

— Ты знала, на что шла. Или принимаешь, или нет. Вот от этого и пляши.

Но если честно, было совсем не до плясок. Совсем.

Зато окончательно и навсегда урок этот усвоила: никогда. Негласно подписываешь пакт на «необиды» и молчание и всегда готова к недоговоренности, уловкам, хитрости и обману. И ни к кому, кроме самой себя, претензий быть не может.

Утром чуть-чуть посветлело, и, хотя солнца по-прежнему не было, небо, слегка очистившееся от туч, давало слабую надежду.

После кофе в номер — идти вниз совсем не хотелось — Илья объявил, что сегодня уж точно никуда не пойдет.

— Во-первых, — он втянул носом воздух, — у меня, кажется, насморк. А во-вторых, мне надо работать, детка. Дела накопились, прости. Сама, а? Ну как-нибудь? — И язвительно хихикнул: — Тебе же не привыкать, верно? Да и осталось два дня, слава богу.

Она поняла: хочет остаться один. Но это «осталось два дня, слава богу» ее смертельно обидело. Но тут же начала его оправдывать. И вправду, что хорошего? Номер этот, с поблекшим венецианским шиком, с запахом затхлости и плесени, такой сырой, что влажными были и постель, и носильные вещи. Эта убивающая серость и мрак за окном, бесконечный дождь и промозглый ветер и ей надоели чертовски! Так на что обижаться — на правду? Вот, ей-богу, смешно! Ей самой очень хотелось домой! В Москву, в здоровый январский морозец и белый пушистый снежок, в родную квартиру с центральным отоплением, в свою в самую уютную на свете постель! В свой душ с местами отвалившейся плиткой — ремонт надо делать, ремонт! А они с мамой все собираются. К своим книгам, настольной лампе, зеркалу на стене. Ей даже захотелось на работу, честное слово! К своим девчонкам, к разговорам, к сплетням, к вечному «чайку и кофейку» со сдобными булочками. Впрочем, какие уж тут булочки. С булочками, кажется, пора завязывать. В зеркале в ванной она увидела, что поправилась. Еще бы, бесконечные пирожные, круассаны, пиццы и макароны! Она тяжело вздохнула. Вот, нажрала. Это-то быстро: пара дней — и несколько килограммов. А потом попробуй их сбросить! Два дня. И слава богу, что два!

Но и эти два она проведет как хочет.

Ника быстро оделась, примирительно чмокнула Илью в щеку и радостно выскочила на улицу.

Дождя не было, была легкая морось, мелкая и теплая, совсем ерунда. Она пошла на пристань, взяла билетик на вапоретто, который отплывал на остров Мурано. Полупустой пароходик проплывал мимо кладбища Сан-Микеле, острова Святого Михаила Архангела, на котором лежал Иосиф Бродский, ее любимый поэт.

По лицу текли слезы. Господи, да что с ней?

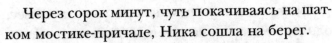
Через сорок минут, чуть покачиваясь на шатком мостике-причале, Ника сошла на берег.

На каждом шагу были лавки, лавчонки, магазинчики и магазины со знаменитым стеклом — статуэтки, бесчисленные вазы и вазоны, салатники, чашки и тарелки, бокалы и сахарницы, часы, наручные и настольные. Светильники, люстры, канделябры и ночники. Ожерелья и браслеты, кулоны и крестики.

От этого пестрого великолепия слегка рябило в глазах. Ника переходила из лавки в лавку, все они были пусты, и заскучавшие продавцы оживлялись при виде ее, но, прекрасные психологи, немедленно теряли интерес, моментально распознавая, что покупатель из Ники никакой, из разряда «так, поглядеть». Интерес теряли, но вежливо и приветливо улыбались, такая работа.

Снова не удержалась — поди справься с собой! — и купила два граненых винных бокала из темно-рубинового стекла, тяжелых, устойчивых, равновесных, каких-то основательных и солидных. Под вино, ей и маме. Под грузинское киндзмараули или ахашени, терпкое, сладковатое, пахнущее виноградом и солнцем. С пару минут подумала и купила еще два — ну мало ли, девчонки зайдут. Такая красота, не оторваться, жалко из рук выпускать.

С довольно тяжелым пакетом — ого, это вес, однако! — вышла на улицу и обомлела: вот чудеса. На просветлевшем нежно-голубом небе смущенно проглядывало беловатое, робкое солнце. Оно словно раздумывало, сомневалось: а стоит ли? Вы, кажется, уже смирились с зимой и дождями.

За час с небольшим Ника обошла островок, забредая во дворы и в соборы, удивилась тому, что устала, и присела в кафе. Выпив кофе и переведя дух, решила продолжить путешествие. Когда еще выпадет такая возможность? Да и погодка способствует! На разноцветный остров Бурано паром отходил каждый час.

Выйдя на пристани Бурано, застыла от восхищения: неужели такое бывает?

Игрушечный, словно нарисованный, городок вдоль узкого канала, разноцветные, чуть кривобокие домишки, будто склеенные между собой. Горбатые мостики, старинные вывески и кружева. Кружева в каждой витрине, в каждом окне. Нежнейшие буранские кружева, известные всем и всякому. Скатерти, скатерки, салфетки, занавески, перчатки, шали, воротнички. Белые, бежевые, цвета чайной розы, палевые, нежно-желтые и разноцветные.

«На что же способны людские руки!» — восхищенно думала Ника. Ах, как хотелось купить эту немыслимую прелесть! Еле себя остановила — зачем, куда? Салфетка на столик, скатерть? Вроде ни к чему. Занавески? Во-первых, занавески у них висят. А во-вторых, дорого. Что говорить про полупрозрачные перчатки или затейливые воротнички? Увы, это прекрасно, но по нынешним временам абсолютно неносибельно — новое модное слово.

Почувствовала, что проголодалась, села в кафе, взяла сэндвич и чай. Глянула на телефон — пусто. Странно, но Илья ни разу не позвонил, хотя уехала она четыре часа назад. Очень странно — обычно он нервничал, беспокоился и звонил по многу раз.

Скорее всего, работает или уснул, успокаивала себя Ника. И все-таки странно.

Успела вернуться на последнем вапоретто. Дождя не было, но густо-серые, плотные тучи не покидали Венецию.

К гостинице шла медленно, как на каторгу. Да что это, господи? Слезы эти. Капризы. Обиды. Что это с ней? Да она сама себя не узнает! Можно представить, что думает Илья! А ведь сегодня был такой замечательный день! И погодка способствовала, и положительных эмоций и впечатлений было достаточно. И друг от друга они отдохнули! И надо бы бежать, торопиться да просто нестись к нему! А опять такая тоска...

Ника поняла, что совсем не хочет видеть Илью. Совсем.

«Что со мной? — недоумевала она. — Да что вообще происходит? Пять дней назад я была счастлива. Счастлива, что мы выбрались сюда, вместе. Так долго собирались, а все не складывалось, и вот наконец получилось. Как я ждала этой поездки! Мы и Венеция! Еще в самолете ощущала себя самой счастливой — держала его за руку, клала голову на плечо, мурлыкала что-то, ластилась. А что случилось потом, здесь? Что такого произошло? Меня разочаровал этот волшебный город? Нет, ни разу — даже в такую погоду он был прекрасен. Получается, дело в Илье? А что, собственно, нового? Да, он устал и не хочет впечатлений. В конце концов, он был здесь три раза, к тому же он расстроен, у него неприятности. Я обиделась, что он не захотел разделить со мной этот праздник?

Да если по-честному, то бывало и так. И на пляж я ходила одна, и в одиночестве гуляла по приморским городкам, и ездила на экскурсии. Да, бывало. Но всегда торопилась вернуться, всегда невыносимо скучала и считала минуты до встречи. Всегда мечтала рассказать обо всем, что увидела, поделиться впечатлениями, все обсудить.

И главное, я на него не обижалась! Ну, устал, ну хочет поспать, поваляться — большое дело!

Илья действительно много работает, а я всегда жалела его и не злилась. Всегда спешила к нему. Так что же случилось сейчас?»

Ника нарочно замедлила шаг, чтобы оттянуть время.

Ах, как было бы здорово, если бы она пришла в номер, а там никого нет.

Как не хочется разговаривать, выяснять отношения, делиться впечатлениями. Ничего не хочется, ничего! Просто принять душ и рухнуть в кровать.

Выходит, и у Ильи то же самое. За весь долгий день он так и не позвонил. Значит, не волнуется и не скучает. А может, вредничает? Хочет проучить за самовольство, норовистость и своеволие? Странно, такого ведь раньше не было... Все странно, все. И все непонятно.

Ника вошла в отель и, не поднимая глаз, прошла мимо стойки рецепции. Какая разница, что о ней подумают! Медленно поднялась на свой этаж. У двери остановилась. Собралась с духом и... открыла дверь. Никого не было. Ника стояла посредине номера и не знала, что и подумать. Пошел перекусить? Да, скорее всего. Но почему не позвонил, не черканул эсэмэс? Не подождал, в конце концов? Наверное, обиделся, даже наверняка. По правде сказать, вела она себя... не очень, Илья к этому не привык. Она больше не женщина-радость, женщина-покой и женщина-«я-все-понимаю-и-не-имею-претензий».

Все эти четыре дня рядом с ним была просто женщина — с капризами, жалобами и недовольством. Которая не скрывала настроения и женских глупостей: слез, нытья, обид.

Она перестала держать лицо и стала обычной. Стала самой собой.

«Ну что ж, — облегченно выдохнула Ника. — Это даже к лучшему. Приму душ, лягу в постель и наверняка тут же усну. Господи, как я устала! А если не успею уснуть, то притворюсь спящей, чтобы обойтись без разговоров и выяснений. Их и так было более чем достаточно. Более. Кажется, за всю нашу общую восьмилетнюю жизнь мы так много не ссорились, не обижались и не дулись друг на друга. А ведь Илья прав — слава богу, остался всего один день! Никогда я так не рвалась домой. И никогда мне так не хотелось остаться одной, без него. Никогда».

Она приняла душ, согрелась, надела теплую пижаму и рухнула в постель. Уснула тут же. Сквозь сон услышала звонок.

Нашарила трубку, открыла глаза — Илья.

Ну, слава богу — вспомнил, что она есть.

Услышала гул и шум.

— Что? — переспросила Ника. — Где-где?

Окончательно не проснувшись, она не могла понять, что происходит, переспрашивала:

— Повтори, слышишь? Слышно ужасно!

Дошло наконец. Илья в аэропорту — пришлось срочно выехать.

— Да, неприятности — плохо с женой. Почему не позвонил? Не хотел портить экскурсию, настроение. И вообще не хотел ломать тебе день. Глупости? Я так не считаю. Глупо обижаться, Никуш, когда я думал исключительно о тебе. Да и остался один день, правда? Ну как-нибудь, а? Как-нибудь проведешь его одна. Я ничего не мог поделать, прости. Обстоятельства. Я потом все объясню. Билет взял, да. Повезло, вылет через сорок минут. Ну, ты справишься? Я не волнуюсь?

Ника молчала, переваривая происходящее.

— Справлюсь, — наконец ответила она. — И ты не волнуйся. Я привыкла справляться одна. Да и здесь я была одна — ты не заметил? Да ладно, не обращай внимания. Это я так, от неожиданности и от растерянности, извини.

— Да, кстати, — оживился Илья. — Деньги в сейфе, надеюсь, тебе хватит. Там достаточно, слышишь? Бери, не стесняйся, покупай все, что захочется!

— Спасибо, — усмехнулась Ника, — большое спасибо. Конечно, я справлюсь, не сомневайся. Всего-то один день, ты прав! И он пролетит так же быстро, как все остальное. Ты, главное, не переживай. За меня не переживай, ладно? Езжай с легким сердцем и делай свои дела. Я взрослая девочка, я разберусь. Что забыл? Синий свитер? Конечно, прихвачу, о чем ты? Вот за свитер еще волноваться! Ну и за деньги спасибо. Правда, мог бы не беспокоиться, у меня есть.

Он говорил что-то еще, но шум аэропорта перекрывал его голос.

— Послушай, — оборвала его Ника. — Лети спокойно, я все поняла! Хорошего полета и быстрого разрешения всех проблем! Все будет хорошо, не беспокойся. Все наладится и встанет на свои места. Конечно, в Москве созвонимся, о чем ты? Да, да, прилечу и сразу, не сомневайся, позвоню тебе, да. Пришлешь водителя? Да не надо, не беспокойся, я возьму такси. И из дома позвоню, разумеется. И вообще позвоню! — засмеялась Ника. — И свитер, и я, все прибудет по расписанию. — И она нажала отбой.

Странно, но ей стало легче, как будто камень свалился с души, вот ей-богу. Легче, оттого что одна, что не увидит его, что завтра весь день ее и ничего не придется объяснять. И еще не надо будет прикидываться, что у них все хорошо. И не придется оправдываться.

Ника сладко потянулась, широко и громко зевнула, улыбнулась, повернулась к стене, поуютнее укуталась в одеяло. Ах, как хорошо! Как хорошо и спокойно! Но уснуть не получалось. Она поняла, что очень, просто зверски, проголодалась. Ничего удивительного, в последний раз перекусила на Бурано, кофе и сэндвич, всего-то.

Ужин заказала в номер. Не поскупилась — креветки в сливочном соусе, чесночные гренки, бутылка кьянти и малиновая панна котта на десерт.

Оглядев все это гастрономическое великолепие, ужаснулась: «Боже, и это на ночь? Да я обезумела!» Но съела все до крошки, ничего не оставила. Правда, вина выпила совсем мало: к алкоголю всегда была равнодушна. Вот тут сразу и потянуло в сон. Даже поднос с тарелками не вынесла за дверь, вырубилась мгновенно. Проснулась от тошноты. Господи, неужели траванулась? Еле добежала до унитаза. Ну вот, устроила себе праздник живота, идиотка. Получай! Теперь будешь весь день валяться. Вот тебе и последний день. Невыносимо пахло вином и едой. Выставила поднос в коридор, распахнула окно. Стало чуть легче. Но комната моментально выстудилась, и Ника тряслась и дрожала под одеялом, как при высокой температуре.

Куталась и проклинала себя за легкомыслие. Только бы к завтрашнему дню оклематься. Слава богу, рейс поздний, вечерний. Даст бог, успеет прийти в себя.

Провалялась до обеда, про еду даже думать было противно — тошнило. Выпила чаю и кое-как собралась, последний день, грех проваляться в постели. Глянула на себя в зеркало. Как говорит мама, краше в гроб кладут.

Посмотрела в телефон: пусто, Илья не написал ни строчки. Впрочем, ему не до нее: больница, жена. Возможно, вообще что-нибудь плохое. Ох, не дай бог! Его жене Ника никогда не желала плохого, честное слово.

И вдруг пришло в голову: у Ильи две жизни, основная, семейная, и совместная с Никой, второстепенная, побочная. А у самой Ники жизнь одна. И она связана с Ильей. И эта их жизнь — тайная и, выходит, не очень приличная, раз ее надо скрывать.

Господи, ну какая же чушь, немедленно одернула себя Ника. Нет, определенно что-то с башкой. Может, ПМС, Илья прав? Глянула в календарь — да, так и есть! Точнее, опять неполадки. После того аборта эта сфера вообще прихрамывала. Конечно, Ника лечилась, и какое-то время все было нормально. Ну а потом все снова пошло наперекосяк, стало сбиваться, и она махнула рукой.

Какая разница?

Ника вздохнула, положила тон на лицо, чтобы хоть как-то прикрыть нездоровую бледность. Подкрасила губы, глаза, стало немножко получше, и пошла на улицу. Последний день, хватит кукситься.

Ярко светило солнце. Нет, ну надо же, а? Пять дней мерзкой погоды, а тут на тебе — солнце и голубое, без единого облачка, небо. Как назло, ей-богу! Мутноватая вода переливалась, серебрилась и бликовала на солнце. Все здорово, но уже без Ильи.

Ника снова стояла на площади Сан-Марко и замирала от восторга. Да, Илья был прав: освещение — это все, получается совсем другая история! И собор, и Дворец дожей, и здание библиотеки — все это сейчас было нежно-золотистым, в перламутровой дымке, в серебристом тумане от влаги, подсвеченном кобальтом неба.

И голуби — вот они, истинные хозяева площади! — дружно высыпали и, громко курлыкая, важно, с достоинством, дефилировали по брусчатке.

Ника дошла до маленькой пьяцетты, подошла к воде и махнула скучающему гондольеру. Тот, не веря своему счастью, тут же встрепенулся, приосанился, разулыбался:

— Синьора хочет прогулку? Ох, как я счастлив! Сейчас вы увидите рай! Чего хочет синьора? Полчаса или час? — Его подвижное лицо истинного плута стало похоже на маску печального Пьеро.

— А какие варианты? — засмеялась Ника — Ну, предлагайте!

Гондольер оживился и стал перечислять:

— О, синьора! Маршруты разные, все зависит от кошелька. По Гранд-каналу, мимо музея Пунта-делла-Догана и Салюте, боковые каналы и театр «Ла Фениче», палаццо Корнер делла Ка'Гранда, ко дворцу, где останавливался великий Моцарт во время карнавала 1771 года. Моцарт, синьора! Вы меня слышите? Церковь Сан-Моизе, дворцы Мочениго, Гарзоне, площадь Сан-Поло. Любой ваш каприз! — И тут же скорчил грустную гримасу. — Но если вам, моя госпожа, не подходит, то можно и покороче. Вся наша жизнь зависит от кошелька, дорогая синьора! — улыбнулся хитрец.

Ника улыбнулась и кивнула:

— Ну если не вся, то...

— То почти вся! — перебил он.

И они рассмеялись.

Уговорились: Гранд-канал и все остальное по разумению синьора гондольера.

— Надеюсь, вы меня не надуете, — вздохнула Ника. — Говорят, все здесь страшные... — Она запнулась, подбирая слова.

— Жулики! — радостно закивал гондольер. — И вы правы, синьора! Но это в сезон и для всех остальных! А сейчас мы скучаем. Да и для такой синьоры, как вы... — Он помог ей забраться в шаткую лодку, усадил на красное бархатное сиденьице, заботливо укрыл толстым пледом. — Синьора, зима, не дай бог, заболеете!

Наконец они двинулись в путь. Лодку покачивало, и Нику слегка затошнило: с детства она не переносила качелей и аттракционов — слабый вестибулярный аппарат. Да и это дурацкое отравление. Слава богу, что еще так!

Но лодку гондольер вел умело и осторожно, ловко и плавно огибая углы зданий и причалы.

— Слава богу, синьора, что зима и нет туристов. А в сезон, — он покачал головой, — не протолкнуться, ей-богу! — Болтал он без умолку, как заправский гид, кивал на проплывающие дома. — Здесь, дорогая синьора, жил великий Марко Поло. Вы только представьте! А здесь, в этом доме — вы не поверите, — Тинторетто, синьора! Смотрите — направо, направо! — здесь — сам маэстро Вивальди!

Ника усмехалась, не очень-то веря: знаем мы ваши штучки, вы изрядные болтуны! Впрочем, все эти люди бывали в Венеции, так что можно не удивляться!

Гондольер корчил смешные рожи, делано обижался, когда Ника с недоверием качала головой, но тут же принимался смеяться. И вдруг запел:

— Калинка-малинка, малинка моя! Правильно меня научили, синьора? Ох, русские туристы такие отчаянные! Как никто другой, поверьте, синьора! Всегда при бутылочке и всегда веселятся! И громко, — он поморщился, — не обижайтесь, но очень громко поют. На них оборачиваются, а им все равно! Нет, правда, синьора. Им абсолютно все равно, что о них думают, верно? А русский язык такой резкий, синьора! Ну просто воронье карканье. Вы не обиделись?

Ника рассмеялась:

— Да нет, я это слышала, так многие говорят. Да и по сравнению с итальянским: вы же не говорите — поете. И насчет веселья вы правы.

Становилось все прохладнее, солнце медленно опускалось за горизонт, освещая прощальным, гаснущим бледно-розовым светом дома, колокольни, соборы, мостки и причалы.

От мерного всплеска воды ее укачало, и захотелось спать. Ника закрыла глаза и, кажется, на пару минут задремала. Но тут же встрепе-

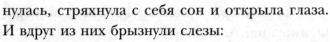

нулась, стряхнула с себя сон и открыла глаза. И вдруг из них брызнули слезы:

— Господи, какая же красота! Застывшая вечность, покой. И, несмотря ни на что, спасибо, господи, что я это увидела!

Гондольер сделал серьезное лицо.

— Понимаю, синьора. Вы не стесняйтесь, такая красота, сердце не выдерживает! Мне самому часто хочется плакать! Живу тут всю жизнь, а привыкнуть сложно! — И деликатно протянул бумажный платок.

«Счастье», — подумала Ника и улыбнулась сквозь слезы.

— И как вы живете здесь? Среди всего этого? Среди этой красоты, истории, древностей? — обратилась она к гондольеру

— Человек ко всему привыкает, синьора. И к красоте, и к уродству. И к сырости, и к дождям, и к палящему солнцу. И к хорошему, и к плохому. Ко всему, что его окружает. Иначе не выживешь, верно?

Ника кивнула, и вдруг ей стало нехорошо, так нехорошо, что уже не сдержаться, тошнота подкатила к горлу, закружилась голова, и она наклонилась над мутно-зеленой водой. Гондольер притормозил, с испугом посмотрел на нее, протянул бутылку воды и вдруг, подняв палец вверх, улыбнулся:

— О, синьора! Бамбина? Рогаццо, синьора? Феминуция? А, синьора?

— Что? — не поняла Ника. — О чем вы, господи? — И, густо покраснев, тут же забормотала неловкие извинения, стала оправдываться: — Это болезнь, отравилась, ну и еще укачало. Ради бога, простите, так стыдно, кошмар!

Лодочник засмеялся:

— Нет, синьора! Я все вижу. Это не болезнь, а даже наоборот. Поверьте, я знаю! Я отец четырех детей! И все — мальчики, вы представляете? С ума можно сойти, верно? А вы не больны, дорогая синьора, не прикидывайтесь. Меня-то вы точно не проведете!

Ника замахала руками, но тут же решила, что спорить с ним бесполезно, да и ни к чему. И так неловко. И она прервала разговор.

Наступили сумерки, и стало совсем зябко, не спасал даже плед, и Ника попросила гондольера закончить экскурсию.

Он явно обрадовался, и Ника увидела, что ее гиду явно под пятьдесят, и наверняка ему хочется поскорее домой, к своей пышной черноволосой синьоре и к шумным мальчишкам, к горячему ужину и рюмочке граппы, чтобы согреться.

От воды тянуло зябкой сыростью, остро пахло тиной и вечерней прохладой. Они причалили, и лодочник, сама галантность, подав ей руку, пожелал всего лучшего. В его глазах прыгали черти.

Ника протянула ему деньги, и он шутливо поклонился:

— Ого, а синьора щедра!

— Что вы, — улыбнулась Ника, — разве есть цена счастью?

Они пожали друг другу руки, и Ника поспешила домой. У отеля, в доме напротив, она увидела узенькую дверь аптеки. Остановилась, задумалась, никак не решаясь зайти.

Решилась.

Держа в руке коробочку с тестом, почти влетела в номер.

Быстро разделась, рванула в туалет.

Он был прав, этот многоопытный папаша, жуликоватый и лукавый лодочник! Еще бы — четверо детей, это вам не шутка, знаете ли! Как сомнамбула, села на кровать, не выпуская полоску с тестом. Вдруг вздрогнула, подскочила и как подорванная снова бросилась в туалет.

Повторный тест оказался таким же.

Ника вернулась в комнату, легла на кровать, погасила ночник, и горячие соленые слезы рекой полились по щекам.

Зазвонил телефон, после небольшого раздумья, она сняла трубку.

— Как я? — переспросила Ника. — Хорошо! Я очень хорошо, да, честное слово. Странный голос? Да нет, просто устала. Ага, гуляла, да. Долго. Каталась на гондоле почти два часа. Говорю тебе, просто устала! Как себя чувствую? — Ника на секунду задумалась. — Да замечательно я себя чувствую. Все хорошо, честное слово! Да нет, не так, все просто отлично! Домой? Конечно, хочу, а ты сомневался? Да, последний день, слава богу. Нет, честно, я не скучала, совсем не скучала, поверь! День провела с пользой и удовольствием. И ни капли не злюсь, честное слово! И не обижаюсь ни капли. А что у тебя? Все как-то... образовалось? Нормально? Я счастлива, честно! Ну я тебя поздравляю! Прости, устала, все, надо спать, завтра в путь.

Такой бурной тирадой, Илья, кажется, был удивлен и даже растерян.

Ника выключила телефон, спрятала его в тумбочку, закрыла глаза, блаженно вытянула гудевшие ноги. И снова улыбнулась.

Потому, что у нее сейчас намечалась новая жизнь. В смысле — своя.

И, если по правде, она от Ильи ничего и не ждет.

Честное слово — не ждет. И так слишком много счастья, не правда ли? Или слишком много счастья не бывает, просто бывает счастье — и все?

И еще — это ее секрет. Ее, и только ее. Нет, ну, конечно, и мамин, их секрет на двоих, они с мамой семья.

На тумбочке стояла синяя черепаха.

Ника ей кивнула:

— Ну что? Начинается новая жизнь? Это и есть твой сюрприз, дорогая? Но как же хочется домой, господи! Как хочется к маме!

Вся ее прошлая жизнь, с обидами и унижением, страхами и огорчениями, с тоской и печалями, с их с Ильей взаимными претензиями и недовольством друг другом, с ее комплексами и ревностью, с его невниманием и непониманием, его слабостями, показалась Нике такой чепухой, чем-то таким незначительным, неважным и неглавным, что она удивилась самой себе: как она могла так жить и считать, что все это нормально?

«Я тебя не держу. Я тебя отпускаю. Потому что все, что нужно для счастья, у меня уже, кажется, есть».

Девять дней
в октябре

Конечно, домашний телефон надо было отключить. Сейчас даже непонятно, как мы жили без мобильных телефонов — этого чуда конца двадцатого века? А ведь жили! И кстати, неплохо жили.

Рина отлично помнила и старые телефонные будки — металлические, холодные зимой и душные летом. Вдобавок остро пахнувшие мочой. Плюс к этому — непременная очередь из любопытных и обязательно вредных граждан, минут через пять начинающих барабанить в стекло: дескать, ваше время вышло!

В конце восьмидесятых тяжелые трубки на металлическом шнуре, напоминающем шланг от душа, в мгновение ока оказались срезаны. Просто срезаны — и все. И было непонятно, что это — обыкновенное хулиганство и варварство или способ добычи денег.

Возможно, трубки эти куда-то сдавали. Времена были тяжелые, голодные. В столице не горел ни один фонарь. В подъездах не было лампочек — заходить было страшно.

Рина хорошо помнила свою первую мобильную трубку — тяжеленую, толстенькую, фирмы «Сони». Страшно дорогую, просто безумно дорогую — отвалить за нее пришлось, кажется, три тыщи баксов. Поохала, покряхтела, но отвалила. Куда ж без нее успешному деловому человеку? А деловой и успешной она тогда уже была.

Вернее, стояла, как говорится, в начале большого пути. А как это далось, об этом не будем — тяжко и временами противно. Как только Рина начинала вспоминать «лихие девяностые», черт бы их побрал, ее бросало в холодный пот.

Именно тогда она, интеллигентная московская девочка, и поняла, что вся жизнь — борьба. Хочешь быть успешной и состоятельной — вперед! Вперед и с песнями. Только песни эти, увы, не всегда были лиричными и мелодичными. Да уж.

Итак, чертов домашний, он же городской. Так вот, почему не отключила и продолжала платить? Да не в деньгах, конечно же, дело. Какие там деньги — смешно! Просто по инерции, по привычке: есть телефон — значит, надо платить. А ведь даже маму звонить по нему отучила — правда, на это ушло пару лет. «Почему? — сопротивлялась мама. — Это же дешевле, Рина! Из-за границы на сотовый? Ты сумасшедшая!»

Но Рина терпеливо в сотый раз объясняла: «Мама! Про деньги не думай. Тариф у меня безлимитный и оплачивается компанией. И мне так удобнее, понимаешь? Сотовый я могу контролировать. Вижу номер звонящего. Хочу — беру трубку, хочу — нет. Хочу — внесу человека в черный список и удалю насовсем. А городской вроде как надо брать. Ну на нервы действует этот трезвон, понимаешь? Вот и хватаешь трубку. Злишься, а хватаешь». — «Ну тогда ладно», — растерянно повторяла мама. Хотя в душе наверняка с упрямой дочкой не соглашалась и вновь принималась возражать: «Рина, я читала, что говорить по мобильному безумно вредно, тем более столько, сколько говоришь ты! Рак мозга, — не про нас будет сказано!» — Мама делала «большие глаза» и плевала через плечо.

Ну и в конце концов звонки на домашний затихли и постепенно сошли на нет. Нет, с работы на городской не звонили. Ну и знакомых она отучила. Звонила, пожалуй, только тетка Тамара — единственная родственница и мамина двоюродная сестра. Вот ее, упрямицу и консерватора, отучить было сложно. Но она три года назад умерла. Больше родни у них не было. На «город» звонил и отец — сто лет назад. Точнее — лет восемь. Ну а потом он звонил на мобильный. А Рина ему не звонила вообще. Никогда.

Детские обиды и комплексы, знаете ли.

Детские... Правда, когда он ушел от них, ей было почти пятнадцать. Какое уж тут дитя, прости господи! А в десятом классе у нее случился вполне взрослый роман. Но, скорее всего, именно в этом сложном и довольно противном возрасте, называемом пубертатом, ей было сложнее пережить развод родителей. Наверняка лет в семь или в десять она бы перенесла это спокойнее. Но разве взрослые думали о ней? Нет, они думали о себе. Вернее, ее любимый, ее обожаемый папа думал о себе. А она страдала. Ну и последствия — на первом курсе поспешно, как говорится, очертя бестолковую голову, выскочила замуж. «Очень удачно», — усмехалась тетка Тамара.

С Вадиком они развелись через полгода. Развелись без сожаления, и, выйдя из загса, Рина громко, с облегчением, выдохнула — ну все, свобода, как хорошо-то, господи!

Было и вправду хорошо — стоял месяц май, светило солнце, и оглушительно пахло распустившейся накануне черемухой. Они простились у дверей загса — кивнули друг другу, как чужие люди, и разошлись. Рина посмотрела Вадику вслед и подумала: «Ничего себе! Этот чужой и ненужный человек был моим мужем? Пусть полгода, пустяк, ерунда. Но мы завтракали и ужинали за одним столом, ходили в кино и в театры, тусовались в студенческих компаниях, в конце концов, спали в одной постели».

И что удивительно — при всей легкости их расставания она еще долго помнила запах его одеколона. Да что там помнила — вздрагивала, втягивала запах носом, если случайно попадался такой же, но тут же хмурилась — черт, опять! Наваждение просто. А у наваждения, как известно, логики нет.

Да и вообще, что в голову лезет, ей-богу. Сколько воды утекло, сколько пройдено и пережито, а она про этого дурацкого Вадика, давно забытого, случайного, студенческого мужа, которого вряд ли сегодня она бы узнала при встрече.

Рина только вышла из ванной — горячий душ, жирный питательный крем на шею и лицо, недовольный взгляд в зеркало со стороны — как бы со стороны. Хотя, если бы со стороны, разве она бы так расстроилась? Запахнула халат, пошла в кухню, бросила тоскливый взгляд на холодильник и тут же на часы — пол-одиннадцатого, ужинать точно нельзя. А жрать, между прочим, хочется! Ну почему вечером всегда хочется есть? Не утром, не днем, а именно вечером, перед сном, когда делать этого точно нельзя? Пару минут она раздумывала, вспоминая, что есть в холодильнике.

Негусто, однако: бельгийская баночная ветчина — раз. Конечно, любимый дор-блю — без него она не жила. Но жирный и острый дорблю предназначался на завтрак, а до него было еще далеко — целая ночь.

Рина пожалела себя, и аккурат в эту минуту, когда настроение стало совсем паршивым, раздался этот дурацкий звонок. Она не сразу поняла, что это городской телефон, — сто лет не слышала его занудную трель.

Вздрогнула и посмотрела на маленький столик, стоящий у окна. Она с удивлением разглядывала аппарат, словно удивляясь, что это ископаемое, этот монстр, этот анахронизм вообще задержался так надолго в ее модном и красивом доме.

Аппарат, кстати, был еще весьма хорош — винтажный, тяжелый, поблескивающий при слабом свете торшера, когда-то безумно дорогой и дефицитный, модный, из зелено-желтого, в разводах, оникса, сделанного, естественно, под антик, тогдашнюю моду.

Рина стояла в оцепенении, растерянная и даже испуганная. А телефон продолжал трезвонить. Очнувшись, она подалась вперед, собираясь с силой, подкрепленной раздражением и даже злостью, выдернуть шнур из розетки. Взять и выдернуть наконец — ну и черт с ним, что навсегда!

Но что-то ее остановило, и она осторожно и медленно подняла трубку — тяжелую, прохладную, гладкую и приятную на ощупь.

Трели оборвались, но подносить трубку к уху Рина не спешила, продолжая держать ее в руке, и услышала на том конце провода крик:

— Ира, Иришка! Ты меня слышишь? Але! Господи, да что за черт! Слышишь, а? Ира!

Следом послышался непонятный полушум-полусвист, и до Рины дошло, что звонивший дует в трубку — так делали сто лет назад в старых фильмах. Но и тогда это было смешно.

Почему-то бешено застучало сердце и перехватило дыхание, и Рина медленно и осторожно поднесла трубку к уху:

— Да. Я вас слушаю.

— Ох, слава богу! Иришка, ты?

— Господи, да, конечно, я! — Хотелось ответить резко. — А кто же еще?

Женский голос в трубке дрогнул, и послышались рыдания:

— Ира, Ирочка! Санечка умер! Умер наш Санечка, слышишь, Иринка? Ушел!

Рина молчала, прокручивая в голове возможные варианты: Санечка, Иришка? А кто это, господи? Кто эти люди? А, да просто ошиблись номером! Это она сразу не поняла.

— Послушайте, — хриплым от волнения голосом проговорила Рина. — Вы, наверное, не туда попали. То есть не наверное, а наверняка, — уверенно добавила она и строго сказала: — Набирайте внимательнее! Все-таки ночь на дворе. И завтра, между прочим, рабочий день.

«Глупость какая-то, — мелькнуло у Рины в голове. — У этой всполошенной тетки горе, судя по всему, умер близкий человек, муж, сын или брат. А я тут нотации читаю — поздно, не поздно». Она нервно кашлянула, собираясь положить трубку, в которой было оглушительно тихо. Но через пару секунд на том конце женщина тихо сказала:

— Ир, ты чего? Не узнала меня? Это ж я, Валентина! Ну... папина жена! Санечка умер, отец твой! Меня плохо слышно?

Воцарилась тишина. Обе женщины словно раздумывали, как им поступить дальше.

Валентина нарушила молчание первой.

— Ир, это ты? Ты что? — растерянно повторила она. — Не поняла?

— Не поняла. Извините.

«Папина жена» Валентина горестно вздохнула:

— Это ты меня прости, Иринка. И вправду поздно уже. Что я, дура, на ночь-то глядя! Да с такой вестью! Прости меня, Ир! Но что мне было делать, Иринка? Как тебе не сообщить, правда? Послезавтра похороны. Ну отпроситься тебе, взять билет, собраться... — Голос ее постепенно стихал, тон становился не извинительным — просительным.

Рина по-прежнему молчала, пытаясь переварить услышанное. «Отец. Отец, — стучало у нее голове. — Мой отец. Ничего страшного, просто умер отец. Такая вот неприятность».

Ее отец давно чужой человек. Когда они виделись в последний раз?

— Ир! — Из морока ее вытянул голос отцовской жены. Теперь уже вдовы, извините. — Ты не приедешь, наверное? — почти без надежды, совсем отчаявшись, спросила она.

Рина набрала побольше воздуха:

— Я... я не знаю, если честно. Все как-то неожиданно, внезапно. Да и работа... Мне надо... словом, мне надо подумать. — На этой фразе она споткнулась и замолчала.

Идиотка! Нет, форменная идиотка! «Неожиданно, внезапно». А разве такие известия быва-

ют ожидаемыми? «Работа, мне надо подумать».
О господи, что она такое несет?

— Извините, — пробормотала она. — Это я от
растерянности. Да, конечно. Я буду. Разумеется,
буду, — увереннее повторила она. И, помолчав
с минуту, смущенно добавила: — Ну а вы... Вы
держитесь.

— Ох, Ира! Какое! Кончилась жизнь, понимаешь? Санечка мой ушел — и все закончилось.

Рина окончательно смутилась, забормотала
что-то дежурное:

— Да, я все понимаю. И все-таки. Да, и еще.
Адрес. Продиктуйте мне, пожалуйста, адрес! —
Она отыскала глазами ручку и, взяв ее, почувствовала, как дрожат руки. Валентина дикто-
вала адрес, а она записывала его на обратной
странице глянцевого журнала, сто лет валяю-
щегося на журнальном столе, — единственное,
что оказалось под рукой. Ручка скользила по
блестящей вощеной бумаге и писала отвратительно, но кое-как Рина справилась. Наконец
попрощавшись, положила трубку и, плюхнувшись в кресло, закрыла глаза и почувствовала,
как дрожит. Так с ней было всегда — реакция
на стресс. Дикая дрожь, озноб. В голове были
сплошной бардак и сумбур.

Отец. У нее умер отец. А это значит, все ее
детские обиды, переживания и комплексы надо

оставить в той, давно прожитой жизни и ехать хоронить отца. Да, на работе завал. Но там по-другому и не бывает — у нее всегда цейтнот, завал и *проблемы*. «У нас проблемы» — каждодневный рефрен ее деятельности.

Такая работа. Ничего, с работой она разберется. В конце концов, у нее целых два зама, получающих ого-го какую зарплату. Правда, все они, прости господи, редкостные бараны. Но уж пару дней как-нибудь.

Мама. Говорить ей? Или сказать, что едет в очередную командировку? К этому маме точно не привыкать — она и не заподозрит никакого подвоха. Или сказать? Ведь Александр Николаевич Корсаков ей просто бывший муж, с которым она развелась двадцать семь назад, и вряд ли известие о его смерти ее сильно расстроит. Тем паче мама так далеко. От всего далеко — от Москвы, от всей этой жизни. От прошлого далеко, от воспоминаний — ту жизнь она предпочла забыть, как не было. И, скорее всего, она права.

И от нее, Рины, она далеко. И не только, надо сказать, в прямом смысле.

Да и вряд ли мама в отличие от злопамятной дочери жалела, что этот «изменник, предатель и негодяй» ушел от нее сто лет назад. Ее нынешняя жизнь была удачной, интересной и пестрой — куда удачнее, чем та! Эта жизнь была именно такой, о которой легкомысленная Шурочка мечтала. Так чего ей расстраиваться? И кстати, в последний раз Шурочка видела бывшего мужа именно тогда, «триста лет тому назад». И с той поры прошла целая жизнь.

«Ладно, подумаю, — решила Рина. — Все-таки мама человек немолодой. Кто его знает... С работой решу утром, а вот билет надо бы заказать сейчас, сегодня».

Она глянула на часы и потянулась за родным мобильным, бросив короткий и неприязненный взгляд на городской. И если честно, черт бы его побрал, этот городской, с его занудной и водевильной трелью, с дешевым и пошлым блеском, дурно сделанным под антиквариат. И почему не отключила его? Тогда бы не было этого звонка. И вообще бы ничего не было — поездки в этот дурацкий город К. Похорон. И главное — встречи с «папиной женой», с Валентиной, черт бы ее побрал. С той, которую Рина считала стервой и разлучницей. Мерзкая баба, которая увела у мамы мужа, а у нее отца. В юности Рина ее ненавидела, в молодости презирала и насмехалась над ней, а в зрелости... А в зрелости просто о ней ни разу не вспомнила — где она, эта нелепая провинциальная тетеха, и где Рина?

«Иришка, Иринка», — усмехнулась Рина.

Ириной ее никто давно никто не называл — ни знакомые, ни родственники, ни подруги. Даже мама, очень возражавшая когда-то против «Рины»: «Какая глупость! У тебя прекрасное имя! Звучное, в меру длинное. Да просто красивое! А тут какой-то обрезок трубы — Рина. Вечно твои дурацкие выдумки, вечно ты всем недовольна и хочешь все изменить всем назло!» Мама поджимала губы и недовольно хмыкала, осуждая строптивую дочь. Кстати, во многом мама бывала права: Ирину-Рину многое не устраивало. И в меру сил, возможностей и способностей она старалась это изменить.

Получалось, правда, не все. Но кое-что получалось.

В шестнадцать лет, аккурат после ухода отца, она переименовала себя — из банальной, как ей казалось, Иры, Иринки, Иришки стала Риной. Имя это казалось ей емким, гордым, коротким и четким. И еще — не банальным. Банальности она презирала. Но главное — оно было жестким. Соответствующим хозяйке. В те годы ей очень хотелось быть жесткой. Что сказать — получилось.

Вдобавок новое имя не подлежало многочисленным трансформациям. Риночка? Да. Ринка? Возможно. Но этим фантазии друзей и близких ограничивались.

Даже в паспорте поменяла — из Ирины Александровны стала Риной Александровной. Отец это не одобрил — нахмурился и пробурчал:

— А что тебе, собственно, не нравилось в твоем имени? Это я тебя назвал в честь своей мамы.

Вот именно — он ее назвал! А он — предатель и изменник. В память о бабушке? Да она и знать не хотела эту бабушку! Эту деревенскую бабушку, мать отца, она и видела-то всего пару раз в жизни! И кстати, сразу невзлюбила. А вот мать ее матери, Мария Константиновна, была ее настоящей бабушкой. К Мусеньке в Питер, тогда еще Ленинград, Рину отвозили на все длинные праздники и каникулы. С Мусенькой она ходила в музеи и парки, та читала ей книги и учила всяким женским премудростям — как, например, носить шляпку. Хотя какие там шляпки, в Ринино время! Бабушка Маша, ее любимая Мусенька, учила ее красить губы и ногти — образовывала. Например, рассказывала, куда наносить духи, чтобы запах сохранился подольше, — на сгиб локтя и на шею под волосы. Мусенька учила ее правильно есть, сочетать цвета нарядов. Мусенька готовила невероятно вкусные бутерброды с бородинским хлебом, чуть поджаренным на сковородке и украшенным золотистыми шпротами. Мусенька обожала пить кофе в кафе на Невском и покупать пирожные в кондитерской «Север». Вместе они заходили «поболтать» к старинным приятельницам Марии Константиновны — Вере Козловской и Ляле Урбанцевой, таким красоткам и умницам, что Ринино сердце замирало от восторга. Эти пожилые петербурженки были интересными женщинами, да что там — красавицами. А еще — великолепными собеседницами. Рина сидела как мышь, затаившись, почти не дыша, — не дай бог, выгонят или попросят сходить за какой-нибудь ерундой, вроде лимонных вафель или свежей булки. И любовалась ими!

Было им, этим, как ей казалось тогда, пожилым дамам, в те годы всего-то за пятьдесят! Все три были блокадницами.

Поездки в Ленинград — пожалуй, лучшее и самое светлое из детских воспоминаний. Она обожала свою Мусеньку, обожала город и обожала ее подруг со «сложными судьбами». Будучи девочкой, изо всех сил старалась услышать что-нибудь из рассказов об их прежней жизни, уловить и запомнить. Кое-что удавалось, но детский мозг, пусть хваткий и острый, не мог все сложить и сопоставить — им такое досталось и они такими остались? Непостижимо. Впрочем, у кого из российских женщин судьба была легкая? Тем более у блокадниц и вдов. Рина обожала Ленинград, неспешную в отличие от столичной жизнь, Невский и прилегающие к нему улицы, облупленные дома с глубокими трещинами и отвалившейся штукатуркой, удивительные подъезды с сохранившейся лепниной и роскошными лифтовыми кабинами, витые садовые решетки и перила, камин в комнате Ляли — изразцовый, бело-голубой, «из настоящей голландской плитки», важничала хозяйка.

Рине нравился и уклад их с бабушкой жизни — никаких супов и обедов, никакого дневного сна и вообще никаких обязательств вроде уборки квартиры, мытья посуды, выноса мусора и дневного отдыха с книжкой. Мусенька игнорировала процессы воспитания — обед? Да зачем он нам, если можно пойти на Невский, выпить чаю с пирожным и получить удовольствие? Уборка? Фу, черт с ней! Что важнее — услада души или дурацкая пыль? К тому же дело это неблагодарное, эта уборка. Нет, детка! Мы лучше в кино! К обязанностям, своим и чужим, она относилась с пренебрежением. Не может прийти электрик, водопроводчик, маникюрша или подруга — ерунда. Длинная очередь в поликлинике — ну и что? Все люди болеют, и врачи тоже люди! Портниха не дошила вовремя юбку — пустяки! Жила без нее — проживу и еще пару недель! «Я никогда не обижаюсь, — улыбалась Муся. — Свои дела — они, конечно, важнее. А мы подождем — не пожар».

К посторонним и соседям она была терпима: «Их мнение меня не волнует. А тех, чье волнует, так с ними все в порядке, уверяю тебя!»

Бабушка была беспечной и легкой. «Подумаешь» и «переживем» были ее любимыми словами. Потом Рина поняла: на фоне того, что Мусенька и ее подруги пережили, все действительно выглядело полной чепухой.

При всех аристократических привычках бабушка была крайне неприхотлива — при ее образе жизни, пенсии, понятное дело, хватало на полмесяца, да и то не всегда. «Подумаешь! — хитро улыбалась она. — Как-нибудь проживем, с голоду не помрем! В крайнем случае пойдем по хаткам». «По хаткам» означало случайно заскочить вечером в гости и попасть на ужин. Поначалу Рина приходила в ужас от этого плана. Но все оказалось не так страшно. И Ляля, и Верочка были им искренне рады: «Какая прелесть, что ты, Муся, к нам зашла. Да еще с Ирочкой». И тут же накрывался стол — простой, незатейливый, но очень вкусный. Верочка принималась варить картошку и чистить селедку, а Ляля тут же вставала к плите и «заводила» блины. Это была ее коронка — блины у Ляли получались тонюсенькие, полупрозрачные, кружевные. А дальше — несколько часов разговоров, воспоминаний. Обеим Мусиным подружкам было грустно и одиноко. Правда, одинокой была только Ляля, у Верочки был сын, но, кажется, его сто лет никто, в том числе и мать, не видел — обретался он где-то в Киргизии, служил там врачом в военном госпитале. В Ленинград не приезжал — отпуск проводил на море, с семьей. А деньги, скорее всего, посылал — из трех подруг Верочка была самой «обеспеченной» и «многое себе позволяла». Кое-что из этого «многого» — зимнее пальто, сшитое в закрытом ателье, с воротником из рыжей куницы (куница, споротый воротник, наследство Верочкиной матери, была старше Верочки). Еще Верочка *позволяла себе* купить что-то в кулинарии при гостинице «Астория», например, гусиный паштет или волованы с красной икрой. Покупала кое-что и у соседки-спекулянтки — например, австрийские сапоги на «натуральной цигее». Именно так говорила Верочка — не цигейка, а цигея.

Ляля была самой бедной. «Пенсия у нее крохотная, — вздыхала бабушка. — У нас-то копейки, а у Ляльки вообще смех».

Потом Рина узнала — замужем Ляля никогда не была. «А как к этому стремилась! — усмехалась бабушка. — Вот дурочка!»

И что забавно — на старости лет у Ляли появился весьма серьезный и солидный ухажер, Иван Матвеевич, бывший военный инженер.

Парочка эта была комичная: крошечная толстушка-колобок Ляля, в смешных шляпках, из-под которых выбивались седые кудряшки, и высоченный, худой полковник. Бабушка называла его «половник».

— Ну, как твой половник? — спрашивала она подругу. — Еще не надругался над тобой, не лишил девичьей чести?

Ляля злилась, краснела, как свекла, надувала пухлые губки и на пару минут обижалась на любимую Мусеньку.

Лет в тринадцать, когда Рина была уже вполне образованной, она догадалась, что Ляля была старой девой. А значит, и девственницей.

Ляля и полковник гуляли по воскресеньям в Летнем, по вечерам ходили в театр или в кино.

«Лялька ведет светскую жизнь! Ну, наконец-то!» — говорила бабушка.

Однажды Рина спросила:

— Ба, а чего она замуж за него не выходит? У него же отдельная квартира, а у Ляли соседи-алкаши. Да и вообще — солидный мужчина.

Бабушка на этот раз не отшутилась, ответила серьезно:

— Ну, во-первых, он жлоб, жаден до неприличия, считает не рубль — копейку. Билеты в кино берет самые дешевые. В магазине стоит полчаса перед витриной и выбирает всякую гадость, например, колбасу собачью радость. Ну и потом, он военный, понимаешь? А это означает, что он... — бабушка замолчала, подыскивая слова, — ну... любит дисциплину, даже муштру, чтобы все по расписанию. А Лялька человек одинокий, всю жизнь жила для себя и ни от кого не зависела. Да и привыкать в этом возрасте трудно. Да невозможно, я так считаю! — Мусенька гневно повысила голос: — Да и вообще, на черта он ей? Носки стирать, борщи варить и слушать команду «равняйсь»? А через пару лет, не дай бог, судно за ним выносить? Нет, Лялька все правильно делает! Не поддается на уговоры. Хоть здесь она молодец.

— А если за ней надо будет судно выносить? — осторожно спросила Рина. — Так он тоже, наверное...

Бабушка рассмеялась:

— Дурочка ты! Ну где ты видела, что бы они, мужики, судна выносили? Сбежит в тот же день, ты мне поверь!

Говорила она это со знанием дела, печальный опыт был. Мусенькин муж сбежал к «профурсетке-акробатке» из провинциального цирка, когда их общей дочери было два года.

Первой умерла Верочка, от инфаркта. Совсем нестарая, ей только исполнилось семьдесят. Бабушка ушла следом, через семь лет.

А Ляля жила еще долгих пятнадцать лет. Рина посылала ей деньги и в конце концов устроила ее в хороший интернат, который она же, естественно, и оплачивала.

К Рининому отцу Мусенька относилась терпимо и, скорее всего, снисходительно. Понимала, что человек он приличный. Но понимала и другое — он, этот приличный человек, и ее легкомысленная дочь — не пара. Совершенно не пара.

Когда Рынины родители развелись, не горевала и не сетовала, сказала, что это к лучшему. На удивленный внучкин вопрос почему, спокойно ответила:

— А разные они люди, Ира. Слишком разные. Ну никаких точек соприкосновения, ни одной, понимаешь? Ну кроме тебя, — быстро поправилась она.

Александра — человек легкий, беспечный, порхает, как бабочка. Как та Стрекоза из басни. И так будет всю жизнь, ты мне поверь. А твой отец... — Бабушка помолчала. — Он из тех, кто вечно страдает и вечно бьется над загадкой несовершенства мира. Главное, что его мучает, — мировая несправедливость. А о чем это говорит, детка?

Рина задумалась, но бабушка не дождалась ее ответа:

— Это говорит, детка, — с пафосом повторила она, — что отец твой несостоявшийся ре-во-лю-ци-о-нэр! — Бабушка махнула рукой. — Да что там, ты все понимаешь! Вечный страдалец, вот кто твой отец. А Шурочка — одуванчик. Ей не интересно ничего, кроме удовольствий. И она умеет получать эти удовольствия, как ты знаешь, даже от плитки шоколада или от нового шарфика. Ей все легко и просто, жизнь для нее — радость! И она уверена, что ни в коем случае, ни при каких обстоятельствах нельзя огорчаться. Это вредит здоровью. А отец твой хочет, чтобы она страдала вместе с ним, понимаешь? А она, Шурка, страдать не умеет. Ну не дано ей — и все. Хорошо это или плохо — не знаю. Словом, они такие разные, что друг друга не понимают и, главное, не поймут никогда. Он морщится от ее легкомысленности, а ее корежит от его вечных душевных мук. А это беда, Ириша. Это большая беда. И такая совместная жизнь точно мука. Так что расстаться — это правильно. В конце концов, они еще молодые, найдут себе спутников и проживут долго и счастливо, с теми, кто им подходит и их понимает.

— А как же я? — тихо спросила Рина. — Меня тут вообще нет, в этой сложной конструкции?

— Господи! — засмеялась бабушка. — Да что ты? Ты давно не ребенок, а взрослая девица, через два года можешь замуж сходить!

Как бабушка была права: и матери, и отцу после развода стало легче и проще. Ринина мать, легкомысленная Шурочка, пообижалась чуть больше месяца: «Ах, такой-сякой, бросил меня, умницу и красавицу», — а потом быстро выдохнула, освободилась, повеселела, еще больше помолодела и расцвела. А через пару лет и вовсе вышла замуж и укатила в Норвегию.

Отец к тому времени уже жил в деревне.

А Рина и вправду сходила замуж — аккурат на первом курсе. И здесь бабушка оказалась права. И кстати, формулировка оказалась ее очень точной — «сходить замуж». Сходила. Правда, неудачно сходила.

Ко второй бабушке, Ирине Ивановне, в честь которой Рина была названа, она попала впервые года в четыре. Бабушка Ира жила в деревне за Россошью. Называлась она Крокодиново. Конечно же, Рина тут же окрестила ее Крокодилово.

Деревня была живописная, красивая и, видимо, когда-то небедная. Но теперь молодежь тяжелым сельским трудом заниматься не желала и бежала в города. При этих разговорах отец хмурил брови, а мама посмеивалась: «А что же ты, крестьянин? Других осуждаешь, а сам убежал!» Отец еще больше хмурился и всерьез обижался.

Легкомысленная Шурочка полдня проводила на речке. «Я на пляж!» — утром радостно объявляла она. Рина видела, как недовольно хмурилась бабушка Ирина Ивановна. Кстати, Рина почему-то так и звала ее — Ирина Ивановна. Бабушка обижалась, но еще больше обижался отец: «Какая она тебе Ирина Ивановна? Зови ее бабушкой!» Пару раз получалось — Рина была послушным ребенком, — а потом снова переходила на имя и отчество. Получалось это само собой, машинально.

Кстати, и Шурочка звала свекровь по имени-отчеству. А на просьбу мужа называть ее мамой, возмутилась: «Какая она мне мама, господь с тобой! Мама у меня одна, и живет она в Ленинграде!» Сказала, как припечатала. И к этому разговору никто больше не возвращался.

Даже будучи совсем ребенком, Рина понимала, что Ирина Ивановна невестку не любит — ни тебе объятий при встрече, ни пусть дежурного поцелуя при расставании.

Шурочка всегда привозила свекрови подарки — то духи, то платок. Но Ирина Ивановна всем была недовольна. «Одеколон? — презрительно усмехалась она, вертя в руке флакончик духов. — А на кой он мне, этот твой одеколон? Куда мне им мазаться?» Платок ей тоже не нравился: «Пестрый какой. Я давно не девочка».

Теплая кофта оказывалась велика или мала, туфли жали, панталоны были жаркими или «электрическими» — аж искры летят! Мама обижалась, но вида не подавала — такой характер.

А однажды все же не выдержала: «Да вам не угодишь! Ну как хотите. Могу соседкам раздать. Уж они-то наверняка будут рады!» Но подарки Ирина Ивановна не возвращала — быстренько прибирала и уносила к себе в шифоньер.

Правда, готовила она отлично. Ах, какие у нее были пирожки — с капустой, повидлом, картошкой и грибами. Вкуснотища! Курицу сама рубила и варила из нее бульон — янтарный, прозрачный и невозможно ароматный! К куриному супу ловко тянула домашнюю лапшу. И вареники с вишней выходили у нее замечательными, и варенья, и компоты, и соленые грибы.

Шурочка никогда и ни в чем Ирине Ивановне не помогала и на недовольство мужа отвечала: «Я в отпуске! Имею я право хотя бы две недели в году? И кстати, сюда мы приезжаем раз в два года. Или даже в три. И что мне, вставать к печи? Идти пасти коз? Или в поле, за навозом? И маме, твоей, кстати, это должно быть в радость, а не в тягость — ухаживать за детьми! Разве нет?» После такой бурной тирады отец замолкал, махал рукой — дескать, что с тебя взять?

Рине в деревне Крокодиново решительно не нравилось. Или так — нравилось первые три-четыре дня. За грибами ходить нравилось. Купаться на речке тоже. Валяться на сеновале — неплохо. Есть бабушкины пирожки — даже очень хорошо. А все остальное — нет. И особенно сама бабушка Ирина Ивановна. Была она строгой, неприветливой и, кажется, не очень доброй.

Рина вспоминала Ленинград и любимую Мусеньку. Нет, никакого сравнения — и рядом поставить нельзя ее родную, любимую, веселую, легкую на подъем Мусеньку, вечную выдумщицу и путешественницу, и эту хмурую, молчаливую, смотрящую из-под бровей, вечно чем-то недовольную женщину. Абсолютно чужую, как ни крути.

Отец по матери и по деревне скучал, а вот длинных и задушевных разговоров с Ириной Ивановной у них не было — и мать, и сын были не из разговорчивых. А может, просто не получалось? Бабушка Ирина Ивановна вдовела. Обмолвилась об этом однажды между делом:

— Был муж, а как же? Но пропал. Пошел по осени на болото за утками и пропал. Затянуло, наверное. Молодой, сорока еще не было. Жаль, конечно. Хороший был человек, не алкаш и трудяга. Отец твой вылитый он. Но свое я отплакала. Не до слез было, сына надо было растить, да и хозяйство рук требовало.

По приезде отец сразу принимался за дело — латал крышу, поднимал стену сарая, чинил птичник. Договаривался о дровах и сене на зиму, оплачивал все это. Перед отъездом отправлялся в город и возвращался оттуда на такси — привозил мешки с крупами, банки с консервами, стиральный порошок, упаковки хозяйственного мыла, рулоны марли и большущий пакет с лекарствами.

Бабушка Ирина Ивановна любила лечиться. По вечерам, надев на нос очки, сидела за столом и раскладывала, перекладывала, надписывала коробочки с лекарствами — вертела в руках и почему-то тяжело вздыхала. На подоконниках у нее стояли банки с вонючими травами, повязанные темной, дурно пахнувшей марлей. Фельдшер Лида приходила два раза в неделю — померить давление и послушать «больную».

— Все хорошо, теть Ир, — устало говорила она. — Живите дальше.

Ирина Ивановна недоверчиво ворчала:

— Как же, дальше! Сколько там этого «дальше»?

— А вот этого не знает никто, — смеялась Лида. — Сколько отпущено!

Ирина Ивановна отмахивалась:

— Иди уж! Специалистка!

Еще Рина помнила высокую кровать с пышными подушками, залезать на которую ей категорически не разрешалось. «Приличные дети на кровати не прыгают», — строго говорила бабушка Ирина Ивановна.

Мама все время фыркала и стреляла глазами на папу, но папа взгляд отводил — матери своей он не перечил и в спор с ней не вступал, в деревне это не принято.

Родители в деревне часто ссорились — это тоже запомнилось. Впрочем, ссорились они всегда... Почти всегда, если честно.

Отец рвался на родину каждый год: «Только там я дышу полной грудью!» Мама иронично усмехалась: «Ну дыши, дыши! Что там еще делать?» Но каждый год ездить не получалось — Шурочка умела отстаивать свои права.

Конечно, позже Рина догадалась, что Ирина Ивановна выбором сына была недовольна — какое там! Столичная фифа, не приспособленная к труду. Легкомысленная, ветреная — все разговоры о тряпках и развлечениях. Никакой помощи от нее — ну разве так можно? Ладно, в огороде и в хлеве ей не место, это понятно. Но помочь с обедом и убрать со стола посуду? Красивая, что говорить. Но не жена. Не о такой снохе она мечтала. Да и Сашка парень серьезный, непьющий. Сам в институт поступил — да где, в столице! Золотой парень, таких сейчас нет. А вот такая жена. Да уж, хорошим парням всегда не везет — закон жизни, увы.

Рина отлично помнила лето, когда бабушка Муся попала в больницу. Путевку в лагерь было не достать, и пришлось ехать в Крокодиново. Уже взрослая, одиннадцатилетняя, Рина долго сопротивлялась, канючила и ныла, что не поедет в деревню, делать ей там нечего — коровам хвосты крутить?

Отец злобно зыркнул на мать:

— Твоя школа, узнаешь?

Та равнодушно пожала плечами:

— Подумаешь!

Но отец был непоколебим:

— Ты уже здоровая девица и изволь ехать и помогать бабушке. Точка. Ты моя дочь или нет?

Делать было нечего. Утешало одно — мама обещала, что через месяц они ее заберут и точно отправят в лагерь.

С местными Рина не подружилась — вечно орущие, грязные, матерящиеся и обсуждающие одно — пьянку родителей. Это было дико и непонятно.

Лена, соседская девочка, ее ровесница, поначалу набивалась в подружки. Была эта Лена хмурой, завистливой и вечно всем недовольной. Лена тоже жила с бабкой — так она ее называла — и ненавидела родителей, уехавших в город на заработки. Не могла им простить, что не взяли ее с собой. Бабку она называла и дурой, и сукой. Слушать это было невыносимо.

А однажды пропала Ринина заколка для волос — красивая французская заколка, подаренная на день рождения. Было сразу понятно, чьих рук это дело. Но объявить об этом Лене было неловко. Сказала бабушке Ирине Ивановне.

Та со вздохом ответила:

— Да прости ты ее, Ира! Несчастная она девка. Бабка поддает, родителям она не нужна — забыли, как не было. Что она видела в жизни? А что увидит? Может, хоть цацка твоя ее порадует.

— Как же так? — задохнулась от возмущения Рина. — Ведь это воровство!

— Воровство. Только знаешь, что ее ждет, Ленку эту? А я тебе скажу. Дояркой пойдет, в совхоз. А куда еще? Учиться не поедет — мозгов не хватит, да и ленивая она. Будет в коровнике ломаться, а к сорока годам инвалидом станет. Повезет — выйдет замуж. За Фильку или за Петьку. Родит ему парочку деток. И с ним тоже все ясно — запьет. Конечно, запьет, куда денется! Ну так и будет — тяжелая работа, брошенные дети, хозяйство и пьющий муж, и еще, сволочь, будет колотить ее. Вот и думай, девка. Ну что? Все еще жалко твою заколку?

Рина ничего не ответила — она не ожидала такой проповеди, не все поняла, но о справедливом возмездии больше не мечтала.

«Месяц, всего лишь месяц», — как заведенная твердила она и думала о Ленинграде. Но и этот месяц был невыносимым. Ирина Ивановна была ею недовольна: «Посуду моешь не так, дай покажу!» Но хозяйственное мыло так невозможно воняло! «Стираешь не так — три сильнее!» И снова невыносимое хозяйственное мыло — стиральный порошок бабушка экономила. «Картошку чистишь слишком смело. Ишь ты! Полкартофелины в помойку. Так то я до зимы не дотяну! Подметаешь плохо, углы не метены! Лентяйка ты, неумеха!»

Однажды Рина не выдержала и разрыдалась — так все достало, так припекло. В эти минуты она эту Ирину Ивановну ненавидела.

Но, как ни странно, бабушка испугалась, оторопела и запричитала:

— Ирочка, Ира! Ты что, деточка? Обиделась, что ли? Да ты не сердись на меня, старую, я ведь как лучше хочу! Научить тебя хочу, чтобы хозяйка была, а не... — Бабушка Ирина Ивановна запнулась. — Да, научить! И убираться, и стирать, и готовить. Плохая-то жена никому не нужна. Ленивая баба — не баба, а... — Ирина Ивановна запнулась: — Ну ты и сама знаешь! И чтоб народ над тобой не смеялся и чтоб муж был доволен, чтоб гордился тобой. Ты ж большая девка уже, а ни к чему не приучена. Вон, картошку и ту почистить не можешь. Стыд, а не картошка! Увидел бы кто! А я в твои годы... — Но договорить не успела, Рина вдруг закричала:

— Да мне наплевать на картошку и на соседей. В городе соседи не проверяют, кто и как чистит картошку! И как подметает тоже! И вообще у нас пылесос! И стирает стиралка, а не корыто! Со стиральным, кстати, порошком! А не с вашим вонючим хозяйственным мылом! Меня от него тошнит, понимаете? И готовить я научусь, когда время придет! А может, и не научусь, наплевать! Моя бабушка Маша щи не варит, а счастлива! По улицам гуляет, в музеи ходит, в кафе. С подружками встречается! А вы? То в хлеву, то у печи, то в огороде. В резиновых сапогах и в ватнике — а что, красота! Вот жизнь, правда? — Она готова была и дальше выкрикивать все, что наболело, но осеклась и замолчала, увидев, что бабушка Ирина Ивановна плачет. Молча плачет, ни слова в ответ.

Вытирает лицо грубыми шершавыми ладонями и молчит. Потом всхлипнула:

— Это ж деревня, Ира. Здесь по-другому нельзя — пропадешь.

И Рине стало невыносимо стыдно. Чуть сама не разревелась от стыда и жалости. Но подойти к бабушке и обнять ее не смогла. Не решилась. Просто проскочила мимо и прыснула во двор. А вечером между делом, так, походя, тихо и невнятно пробормотала короткое «извините».

Через пару дней за ней приехал отец. «Срок заключения», слава богу, закончился. Страшно смущаясь, она на прощание клюнула бабушку в щеку. Та на секунду прижала ее к себе и отпустила.

Больше Рина бабушку Ирину Ивановну не видела — та через год умерла. И если по правде, узнав о ее смерти, Рина испытала не только жалость и стыд за прошлое, но еще и облегчение — поездки в ненавистное Крокодилово, слава богу, закончились.

Когда родители развелись, Рина подумала, что кто был бы счастлив — это бабушка Ирина Ивановна: «Наконец-то избавились от этой фифы!» Но Ирины Ивановны уже не было.

Рина сидела на низеньком пуфике у журнального столика и вспоминала.

«Ириша, Ирочка». Господи! Да ее сто лет так никто не называл. И если бы ее так окликнули на улице, она наверняка бы не обернулась. Правда, отец упрямо называл ее Ирой. Когда был чем-то недоволен — Ириной. А если уж умилялся, то Иркой. С ним она не спорила. Во-первых, понимала, что не убедит, а во-вторых... Во-вторых, она вообще с ним не спорила. Да и общение их, по правде говоря, после развода было формальным и довольно редким — отец навсегда уехал в деревню.

Рина помнила, что даже не сам развод родителей ее так потряс — а именно то, что отец оставил столицу и уехал в эту глушь. В дикую провинцию, черт-те сколько километров от Москвы. Нет, Рина там не была — еще чего, много чести! Хотя ее, разумеется, приглашали. Ехать за пятьсот верст, к черту на кулички, к чужой тетке?

Отец ушел, когда Рины в квартире не было. С Шурочкой они, «как цивилизованные люди», разумеется, все решили заранее. А объясниться с пятнадцатилетней дочерью отец решил на нейтральной территории. Так ему было легче — отсутствие знакомых и родных предметов и привычного интерьера их общей квартиры, наверное, наводило тоску и вызывало воспоминания.

Был канун Нового года, страна готовилась к праздникам. Народ мотался по заснеженной

Москве, бестолково толкался в очередях, хватал с прилавков все, что случайно попадалось, отстаивал дикие, нескончаемые очереди, транспорт ходил плохо — декабрь выдался холодным, метельным. Да и в квартирах было прохладно — топили в тот год отвратно, все болели, шмыгали носами и кашляли, но праздничного настроения все это не отменяло. Новый год по-прежнему оставался любимым народным праздником.

Конечно, Рина понимала, что в их доме не все хорошо. Родители по-прежнему ссорились, подолгу не разговаривали друг с другом, да и семейных посиделок, с гостями или просто втроем, давно не случалось. Как любой подросток, она старалась поскорее смотаться из дома, убежать в свою жизнь, заняться собственными проблемами и просто не замечать ситуацию — так было проще. Да и душевные разговоры, если честно, в их семье были не приняты. К тому же ее вполне устраивало, что родители, занятые своими делами и разборками, не лезут в ее личную жизнь, не контролируют ее, не интересуются ее успехами в учебе, в общем, не мешают. Вот и славно!

У любимой подружки Таньки предки развелись пару лет назад. Рина помнила, как Танька переживала, хотя всеми силами старалась это скрывать. Но потом как-то все как-то образовалось — Танькина мать вышла замуж, а отец жил в гражданском браке с какой-то теткой, Танька говорила, что невредной и к тому же разъезжающей по заграницам, откуда и Таньке привозились подарки — и тряпки, и обувь, и косметика. Кстати, заколка, украденная деревенской соседкой, была оттуда же, от Танькиной мачехи. Танькина мать с головой ушла в новую семью, родила сына и тоже в жизнь дочери не лезла — не до того. В общем, Танька говорила, что от развода родителей только выиграла — мозг никто не выедает, настроение у всех замечательное, и все чувствуют свою вину — ребенку нанесена психологическая травма. Короче, ура.

Но Танька развод уже пережила, а Рине все только предстояло.

Так вот, в тот год в их доме приближения праздника не наблюдалось — за дефицитом мама не бегала, зеленый горошек, майонез и маринованные огурцы в стенку не прятала, рецептами новых салатов с подружками не обменивалась, покупкой подарков, кажется, не озадачивалась и не составляла список гостей. Не было в квартире ни елки, ни развешанных по стене серебристых гирлянд и колокольчиков. Квартиру к празднику мама не убирала, парадный сервиз и рюмки не перемывала и не протирала до зеркального блеска. В воздухе, как пар от кастрюль, висели тоска, заброшенность и какая-то неприкаянность, сиротство.

Несмотря на все это, Рина приготовила родителям подарочки. Маме — югославскую помаду, а папе — эластичные плавки пронзительного красного цвета с белой полосой. Он был заядлым пловцом.

А что праздника не предвиделось — так и бог с ним, решила Рина. Будет легче свалить из дома в компанию. А компания предполагалась — у одноклассника Димки Скворцова родители отвалили в Прибалтику.

Тридцатого, а это была пятница, вернувшаяся с гулянки Рина застала мать, сидящую на кухне за чашкой остывшего чая. В темноте. Сердце дрогнуло и, казалось, остановилось.

— Мам! — хрипло позвала она, замерев на пороге кухни. — Мам, что-то случилось?

Мать ответила не сразу, странным, не своим голосом, словно пребывая в каком-то полусне, протянула:

— А, это ты... — Помолчав, Шурочка добавила: — Вот и все, Ирка. Все закончилось. В смысле наша с твоим отцом семейная жизнь. Что ж, протянули мы довольно долго, пятнадцать лет. А это срок за убийство! — хрипло хихикнула она. С юмором, надо сказать, у матери было всегда хорошо. — Впрочем, все это предполагалось. С самого начала, если по-честному. Но все будет хорошо! Да и вообще — ничего страшного. — Она потянулась за сигаретой и неуверенно проговорила: — Все, все, Ир, расслабься! Все будет хорошо! Или ты сомневаешься?

Не зажигая верхнего света, Рина села напротив. В кухне было довольно светло — свет шел с улицы, от высоких, недавно наметенных сугробов, от фар проезжающих машин, от поскрипывающего фонаря. Мама была печальной и бледной. Рина увидела, как она осунулась, постарела, и с удивлением разглядывала ее — как, оказывается, давно она не смотрела на мать внимательно.

— Ладно! — Шурочка хлопнула ладонью по столу. — Хватит кукситься! В конце концов, Новый год у дверей! Что мы с тобой сидим тут, как две старые клуши! Мы ведь красавицы, Ирка!

Рина молчала. Значит, все. Они разошлись. Ничего страшного, мама права. Сплошь и рядом такие истории. Но...

Пока это не касалось ее, Рины. Ее мамы. Ее отца. Ну и вообще их семью.

— Он ушел от нас? — тихо спросила Рина.

— Ушел, — будничным голосом ответила Шурочка. — Он давно ушел, Ирка. Почти год назад. Уверена, у него появилась другая баба — по-другому никак.

И Рина заплакала. Другая женщина? Не может быть! После красавицы Шурочки? Потом, конечно, все подтвердилось — *та* женщина у отца появилась давно. Года два назад. *Подцепил* он ее — мамино слово — в санатории. «Помнишь, ездил туда со своей язвой? Ничего про нее не знаю и знать не хочу. Знаю, что его ровесница, разведена и бездетна. Работает, кажется, сестрой-хозяйкой в этом чертовом санатории. Ни имени, ни фамилии, как понимаешь... Ушлая наверняка — увела из семьи хорошего мужика, да еще с московской пропиской. Ну и вообще — не она, так другая! Мы же давно с ним... Ну, как соседи, понимаешь? Понимания давно не было. Да и было ли вообще? А черт его знает. Любовь — да, была. Но когда? В глубокой молодости. Мы были совсем детьми, неразумными и неопытными детьми. Что мы вообще тогда понимали? А уж в семейной жизни мы были полными профанами, идиотами даже. Студенческий брак — есть такое понятие. Ну а потом появилась ты. Если бы не ребенок, еще бы тогда разбежались! Ну в общем, как есть, так и есть, и это надо принять».

Принять... Как будто у Рины были другие варианты!

Кстати, потом она поняла, что такое студенческий брак, и, вспомнив Шурочкины слова, похолодела: получается, если бы у них с Вадиком был ребенок, они бы тоже жили и мучились? Какой кошмар... В ту ночь, уткнувшись носом в подушку, она горько плакала и заснула только под утро. Счастье, что в школу идти было не нужно — каникулы. А днем позвонил отец и сказал, что им надо встретиться. Зачем? Поговорить. Цивилизованные люди разговаривают при любой ситуации.

— Значит, я нецивилизованная! — закричала Рина. — И встречаться с тобой не хочу! Катись туда, в свой вонючую деревню! И встречайся там со своей новой женой! И жри там ее оливье и пляши под елочкой! С праздником тебя, дорогой папа! С наилучшими пожеланиями! — С силой и яростью швырнула об стену телефонный аппарат. Нате вам всем! Хрупкая красная пластмасса разбилась вдребезги. Ну и черт с ней — жизнь разбилась, что там телефон.

Отец не перезвонил. Да и слава богу, что не услышал того, что кричала его дочь в пустой квартире, самой себе, ну и, конечно, ему.

Зато позвонила Танька и, поняв сквозь рыдания подруги, что случилось, убежденно сказала:

— Ну и черт с ними! Живут своей жизнью, и на нас им наплевать! А значит, и нам на них! — И Танька матерно выругалась.

Странно, но эти слова Рину отрезвили и успокоили. И вправду, наплевать. И она позвала Таньку в гости. Та пришла с бутылкой коньяка, вынесенной из родительского бара.

В тот день Рина впервые напилась. Ну и подружка не отстала — вспоминать неохота. Еще лет десять Рина не брала в рот спиртного. Потом, конечно, забылось.

Тридцать первого она валялась в постели, невыносимо тошнило, кружилась голова, и вообще было плохо и мерзко. Ни в какую компанию она не пошла, хотя все звонили и уговаривали. А вот Шурочка ускакала, и правильно сделала, кстати.

Утром первого Рина подошла к окну — было так бело, снежно и красиво, что заныло сердце.

«Жизнь продолжается, — подумала она. — И она у меня впереди, такая длинная и прекрасная. Уж я распоряжусь ею не так, как вы! И ребенку своему *такого* уж точно не устрою. Я не такая эгоистка, как вы!»

Впрочем, с ребенком у нее не случилось. А жизнь действительно оказалась длинной и даже местами прекрасной.

Отец объявился спустя пару месяцев, в марте. Она хорошо запомнила, как ее заколотило, когда она, спустя столько времени, услышала знакомый голос.

Говорить Рина не могла — слова застревали в горле, першило и саднило, как при ангине.

— Иринка! — удивленно повторил отец. — Ты меня слышишь?

— Слышу, — просипела она.

— Ну так что? Встретимся сегодня на Ленинских, а?

Ленинские... Ленинские горы было их местом.

Зимой в далеком и безоблачном детстве они ездили туда кататься на санках. Отец тащил санки, и Рина видела его сутулую спину в темно-синей болоньевой куртке и слышала тяжелое дыхание. Она же, как королевишна, развалясь, разглядывала окрестности — высоченный серый шпиль здания университета, маленькую желтую церквушку с ярко-зеленой крышей на краю обрыва. Храм Живоначальной Троицы, объяснял ей отец. Сквер, разрезающий улицу четко посередине, и голые черные деревья, присыпанные свежим, белейшим снежком. Запыхавшись, отец останавливался и поворачивался к ней.

— Ну ты и коровушка, Ирка! С прошлой зимы ого-го! Или я постарел? — задумчиво и грустно добавлял уставший отец. — Давай, давай, ножками! Ишь, расселась, барыня!

«Ножками» не хотелось. Неудобные жесткие черные валенки с блестящими калошами раздражали — нога в них была как будто зажата в тиски. Да и вообще — «ножками, ножками»! Зачем? Когда есть прекрасное средство передвижения — санки и папа! Санки были с жесткой, но все же вполне удобной спинкой, с цветными деревянными рейками — красная, зеленая, желтая. И, чтобы «было удобно попе», папа подкладывал перед прогулкой под эту самую попу вязаную попонку. «Попа — попонка», — смеялась она. Значит, пестрый вязаный коврик предназначался именно для этой самой попы?

Интересно было все — ехать в метро с новыми санками и гордиться ими. Ехать в метро с папой — высоким, красивым, сероглазым и кудрявым и ух как гордиться им! И знать, что в кармане у папы лежат два здоровенных бутерброда с колбасой — на перекус, как он говорил.

А если повезет и папа будет в хорошем настроении, то Рине обязательно перепадет теплый бублик, а возможно, и пирожок с мясом. «С котятами», — говорил папа, и она обещала ему ничего не рассказывать маме — за пирожки им обоим здорово попадет. Пирожки были влажные, остывшие, мятые и невозможно вкусные.

Позже, когда Рина подросла, саночные вылазки на Ленгоры заменили вылазки лыжные, и это было еще интереснее. Раскрасневшиеся, запыхавшиеся, вспотевшие и очень счастливые, отстояв огромную очередь в киоск, они пили горячий и очень сладкий кофе и ели бутерброды с подсохшим сыром. Хлеб был, как правило, черствым и жестким от мороза, ломкий, безвкусный сыр крошился на красную Ринину куртку, ноги и руки замерзали и не разгибались, невзирая на толстые шерстяные носки и варежки. Но она запомнила на всю жизнь острое ощущение невозможного, непомерного счастья и почему-то такой же острой и отчаянной грусти.

Эта грусть и отчаяние подступали и осенью, когда они приезжали на Ленгоры посмотреть «на расчудесную золотую московскую осень» — по папиным же словам.

И вся Москва лежала как на ладони — ох, красота!

Клены, ясени, липы — все было пестрым, желто-зелено-красным, местами оранжевым и даже бордовым. Нарядным, но уже и печальным. «Такое уж время года наша московская прекрасная осень, — печально говорил отец. — А красота и грусть, Ирка, неразделимы».

Они садились на лавочку, которую предусмотрительный папа предварительно протирал носовым платком. Они молчали или разговаривали, снова молчали, думая каждый о своем, но молчание это не было ни тягостным и ни тоскливым — оно было привычным, нормальным и понятным обоим. Отец был хорошим спутником — тактичным и все понимающим. Как хорошо им было вдвоем.

Папа... Когда-нибудь он состарится, станет немощным, как все старики, сгорбится еще больше — он и сейчас сутулый, — возьмет в руки палку и будет шаркать по асфальту ногами, как шаркают все пожилые люди. Будет неаккуратно есть суп, обязательно проливая его на рубашку и стол. И хлебные крошки станут разбухать в этих лужицах и превращаться в неприятную кашу. Господи, неужели все это будет и с ним — с моим сильным, красивым и таким молодым папой? Невозможно поверить!

Да нет, будет. Конечно, будет! И никого не обойдет — это Рина уже девочкой понимала. На улице она смотрела на стариков — сгорбленных, шаркающих, подслеповатых и жалких, — и почему-то казалось, что они все одиноки. И сердце сжимала тоска. «Папа, папочка, — шептала она про себя, — уж я тебя точно никогда не брошу и не оставлю!»

Отец обожал пошутить на эту тему: «Эх, скоро вырастешь, дочь, и бросишь своего старого, больного отца, променяешь его на какого-нибудь болвана, прости господи, с немытыми патлами и гитарой наперевес. И все, кончилась жизнь!» В каждой шутке, как известно, доля шутки.

Но не она бросила своего отца — он бросил ее.

— На Ленгорах? — наконец выдавила она. — Нет. Вот там точно не надо.

Договорились встретиться у метро «Университет»: «Через час — ну если ты, конечно, свободна!»

Рина была не свободна — как раз через час у нее была встреча с подружкой. Но какая подружка! Подружку она отменила, потому что поняла — по отцу соскучилась страшно.

Как она наряжалась на эту встречу! Дура, конечно. Но надела новые сапоги и новый свитер. Подкрасила ресницы, что делала крайне редко. Надушилась мамиными французскими духами, что делать категорически запрещалось. Приехала на двадцать минут раньше и спряталась за колонной. Сердце билось, как на первом свидании. И тут она увидела отца. Он тоже пришел пораньше — сутуловатый — всегда немного стеснялся своего высокого роста, — в надвинутой по самые глаза серой кепочке-букле, модной в те годы, в знакомой синей куртке. Он оглянулся и прикурил сигарету.

А Рина позорно думала, как бы сбежать. Потому, что видеть его, говорить с ним, смотреть ему в глаза невозможно — больно. Так больно, что слезы брызнули из глаз. Она уже приготовилась к побегу, но что-то ее не пустило. «Что я трушу, чего я боюсь? — спросила она себя. — Да пусть он боится! Пусть думает, как ему выкрутиться. А я посмотрю и посмеюсь». И она решительно шагнула навстречу.

Увидев Рину, отец растерянно и жалко улыбнулся, обрадованно закивал и протянул к ней руки, как будто хотел взять ее на руки, словно маленького ребенка. Так они и замерли друг напротив друга — не решаясь ни обняться, ни сблизиться.

Смущенно разглядывая ее, отец восторженно сказал:

— Ты у меня красавица, Ир. Всего несколько месяцев тебя не видел. А как ты похорошела! Ну, куда пойдем, дочь? — делано радостно спросил он. — В кино я тебя не приглашаю, наверняка есть компаньоны получше. А вот в ресторан — да! Если ты, конечно, не против, — смущенно добавил он.

Рина кивнула — не против.

В ресторане пахло духами и пригоревшим мясом. Но скатерти были кипенно-белые, накрахмаленные. И приборы тяжелые, с вензелями.

Она почувствовала, как хочет есть. Было у нее такое свойство — заедать свои горести. Ничего хорошего, конечно, но как уж есть. Ну и заказала, не стесняясь и салат, и борщ с пампушками, и цыпленка табака. И морс клюквенный, и эклер на десерт — оторвалась. А кого стесняться? Отца?

Он, кажется, успокоился и тихо посмеивался — хороший аппетит, а значит, хорошее здоровье! А об остальном он старался не думать — так было легче.

Расспрашивал Рину о школе, о подружках, о планах «на светлое будущее». Отвечала она коротко и скупо — все хорошо, в школе нормально, подружки на месте. А что до будущего — так время еще есть, размышляет. В общем, говорили о ерунде, как случайно встретившиеся знакомые.

— Ну а как у тебя? — спросила она, откинувшись на бархатную спинку стула, в упор глядя на отца.

Он стушевался под ее взглядом, отложил нож и вилку и тоже откинулся назад.

— У меня все нормально, дочь. И даже хорошо. Я счастлив, Ира. Несмотря ни на что.

— «Ни на что» — это ты о чем? — нагло глядя ему в глаза, уточнила Рина. — В дыре жить надоело?

— Нет. Совсем даже нет. К тому же это вовсе не дыра, как ты изволила выразиться, а очень милое и симпатичное место. Живописная деревня, среднерусская полоса. Рядом поселок и городок, тихий, зеленый, уютный. И народ там спокойный, не то что ваши москвичи, — улыбнулся отец.

Рина фыркнула — москвичи ему не по нраву.

Бабушка Маша была права — деревенский житель навсегда останется врагом горожанину.

— И суеты никакой, — продолжал отец, — птички поют по утрам. А воздух! Не воздух — нектар. Жизнь другая, спокойная жизнь — во всем другая, понимаешь? Нет, непростая, конечно, напротив, но — другая. И она мне пришлась по душе. Невзирая на мелкие неудобства, отсутствие центрального отопления и теплого сортира. Определенно есть то, что все оправдывает, ты меня понимаешь?

Рина с нескрываемым удивлением покачала головой:

— Не-а, не понимаю, прости. Причем — совсем. И мне это дико, если по-честному.

Ему так нравится провинциальная жизнь? Ему, давно столичному жителю? Имевшему, между прочим, квартиру, работу в приличном институте. Ему нравится жить с сортиром на улице и топить дом дровами? Ну уж нет, позвольте вам не поверить! Никак не складывается, извините. Или такая, пардон, вас посетила неземная любовь? На вашем горизонте образовалась такая красавица? Ради которой, собственно, и были поломаны копья? Ради которой вы оставили столицу и все остальное? И так, на всякий случай, единственную дочь? Да и жена ваша прежняя — тоже пардон — не из последних, как говорится. Любимая вами когда-то красавица Шурочка. Сколько кавалеров было у Шурочки! А выбрала она вас, деревенского парня. Умница, красавица Александра — на улице оборачиваются. У нее, у нашей Шурочки, идеальная точеная фигура, тонкая девичья талия, стройные ножки. Говорят, что она похожа на Брижит Бардо. И Рина, старается у матери многое перенять — например походку. Или полуулыбку-полуусмешку в самом уголке рта. И строгий прищур черных, как южная ночь, глаз — такой прищур, ух! Даже голос повышать не требуется — все и так столбенеют.

А вот вы довольны и очень счастливы в какой-то глуши, за пятьсот верст от Москвы, где случаются перебои с хлебом? Вы счастливы с какой-то провинциальной и некрасивой бабенкой — в последнем Рина почему-то была уверена. И это после мамы, после Шурочки, вашей бывшей жены? В чем ты пытаешься меня, отец, убедить? Что ты все сделал правильно? Что твой странный выбор — единственно правильный и ты действительно счастлив? Прости, я не верю. Потому, что вижу твои глаза. А в них счастья нет, уж извини.

— Все хорошо, Ириш! — повторил он. — Кроме одного. — Он поднял на нее глаза и повторил: — Кроме одного, Ирка. Тебя рядом нет.

Она растерялась, смутилась, покраснела и усмехнулась:

— Ну папа... Это был твой выбор, уж извини. И вообще, — она глянула на часы, — мне пора. Нет, правда, пора! — зачем-то стала оправдываться она. — У меня встреча.

— Да, да, конечно! — забормотал отец. — Я все понимаю! Спасибо, что выкроила время!

Сказано это было безо всякой насмешки или подкола — видимо, он не рассчитывал, что дочь вообще согласится на встречу.

В гардеробе он отодвинул услужливого гардеробщика и сам осторожно надел на нее пальто. Гардеробщик, похожий на адмирала в отставке, усмехнулся в густые усы.

— Дочка, — смущенно буркнул отец. — А вы что подумали?

Тот пожал плечами — дескать, мне что за дело.

Рина с отцом вышли на улицу. По крышам звонко и радостно барабанила капель, и воздух отчетливо пах долгожданной весной.

— Проводить тебя? — осторожно спросил отец. — Или торопишься?

— Тороплюсь, — кивнула она, — сама доберусь, спасибо.

Отец поежился и приподнял воротник куртки.

— Ирка, — тихо сказал он, — ты... Ну, словом... Чуть вырастешь и... Поймешь меня, я уверен! Не может быть, чтобы не поняла.

Она резко перебила его:

— А я уже выросла, папа, только ты не заметил. — И она быстро пошла к метро. «Скорее бы домой, — билась в голове единственная мысль. — Скорее бы! Остаться одной, а уж там, дома, наревусь в полную силу. И слава богу, что мама на работе».

Наревелась, конечно. Потом залезла под горячий душ — сильно знобило. «Заболеваю, наверное, — с тоской подумала она. — А как не хочется!» Выпила горячего чаю, согрелась и немного повеселела — так, значит, так. В конце концов, это их, родителей, жизнь. А у нее — своя.

Кстати, спустя довольно много лет она узнала от Шурочки, что тогда у отца случились страшные неприятности и на работе: служил он в проектном институте, его лаборатория готовила очень важный проект — новаторский, предварительно прошедший кучу инстанций, проверок и получивший отличные рекомендации. Все шумно радовались и не сомневались в успехе. Но — кто бы мог подумать? — на самой последней инстанции проект был разгромлен и зарублен. Такого никто не ожидал — даже самые ярые противники и завистники. Отец, один из главных авторов этого проекта, здорово тогда надломился. Он мотался по комиссиям, отстаивал и настаивал. Никто его не поддержал, над ним уже начали откровенно смеяться и крутить пальцем у виска: против кого прет этот чудила Корсаков? В результате он ушел из института, сказав на собрании коллегам, что вести себя, как они, могут только предатели и саботажники.

Тогда у отца и открылась застарелая язва. Конечно, на нервной почве.

Маме про встречу с отцом она ничего не рассказала — зачем? Понимала, что это той неприятно.

Как-то спросила:

— Переживаешь?

Шурочка вздрогнула и раздраженно ответила:

— Да вот еще! Много чести! Что переживать из-за дурака? Да бог с ним! Плохого я ему не желаю. И хорошего, впрочем, тоже.

«В этом вся мама, — подумала Рина. — Все понимает, но обида-то есть — никуда не делась обида. Еще бы — бросить ее, красавицу Шурочку! Ну и правильно, что не страдает. Она молодая женщина, она красавица и, в конце концов, не монашка, готовая прощать все и вся. Не святая — ударь по левой щеке, подставь правую. Она — обычная живая женщина. И она хочет жить».

* * *

Отец приезжал раз в полгода или чуть реже. Конечно, они встречались. Но постепенно Рина поняла, что встречи эти формальные и, скорее всего, никому не нужные — ни ей, ни отцу. Она его не простила. Он исполнял свой родительский долг, она — свой дочерний. Или у него все-таки было не так?

Со временем говорить им стало особенно не о чем. Рина давала короткий и скупой отчет — здорова, учусь, работаю. Точнее — подрабатываю. Кавалеры? А как ты думаешь? Разумеется! В общем, в подробности не вдавалась. И про его дела она просто не спрашивала — много чести, как говорила мама. Да и о чем она должна была его спрашивать? Как твоя семейная жизнь? Как поживает твоя драгоценная Валентина?

Извини — неинтересно.

Да и отец, кажется, окончательно пришел в себя — глаза у него были спокойные и даже счастливые. И это было особенно больно — значит, там все сложилось. А Рина, если честно, надеялась. Надеялась, что *там* не сложится, что он опомнится и... И вернется. Но вышло не так — он спокойно живет без нее, без единственной дочери. Правда, теперь в хорошие рестораны отец ее не приглашал, а приглашал в недорогие кафе. Она знала, что работает он в поселковой школе, преподает математику и геометрию, плюс его нагрузили черчением — с учителями в провинциях плохо. Ну и хорошо — лишние деньги! «Хотя, — усмехался он, — какие там деньги! Если бы не хозяйство...»

— Хозяйство, — насмешливо кивала Рина, — коров, что ли, доишь?

Одет отец был, если честно, тоже не очень. Было видно, что донашивает то, что есть. Ну да ладно, не ее проблемы.

А у нее своих до фига. Двадцать лет, знаете ли, возраст любви и огромных проблем.

Кстати, ее скороспелый брак и почти немедленный развод отец прокомментировал сухо:

— Ну, значит, попробовала? И как, набралась опыта?

Рина с деланым равнодушием кивнула:

— Ага.

Но разозлилась: «Тоже мне, учитель жизни! На себя посмотри!»

С годами отец приезжал все реже, сетовал, что устает от Москвы, отвык от ее суеты, вечно бурлящей толпы и равнодушных, усталых людей. Рина удивлялась и в который раз не понимала: да чем же так хороша та его жизнь, в медвежьем, забытом богом углу? Лица москвичей ему нехороши? А видеть каждый день одни и те же лица? Какая скукота! Сталкиваться с ними на работе, в магазине, на почте или на автобусной остановке? Всем послушно кивать, интересоваться их делами и здоровьем, обсуждать с ними урожаи и надои молока и знать всех поименно?

Нет, извините! Она бы, например, ни за что, ни за какие коврижки и ни на что не променяла Москву, любимую, шумную, хлопотливую и прекрасную Москву. Да разве есть города красивее и лучше? Нет, и Ленинград она обожала! Но после смерти бабушки Маши вернуться туда не решалась.

Спустя много лет Рина увидела другие города, не менее прекрасные, чем ее родная Москва. Но это никак не изменило ее отношения к столице — она навсегда осталась ее преданной и верной поклонницей. Но, если уж совсем честно, с годами и она стала от Москвы уставать — бесконечные пробки отнимали полжизни. Да и нынешняя Москва здорово изменилась и давно перестала быть теплой и родной.

А отец продолжал восхищаться деревней. Однажды Рина сказала:

— Кажется, ты сам себя хочешь убедить.

— В чем? — не понял отец.

— Да в том, что все сделал правильно.

Он ничего не ответил, только внимательно посмотрел на нее и отрицательно покачал головой.

В гости, конечно же, приглашал. Сулил всякие радости и удовольствия — например, рыбалку и грибную охоту.

— Ирка! Ты даже не представляешь, что это за счастье — встать на рассвете, когда еще трава мокрая от росы, а солнце еще только-только, лениво и нехотя, выползает из-за горизонта и еще сыро и прохладно, и ты накидываешь ватник и влезаешь в резиновые сапоги и идешь на берег. «Идешь!» Смешно! Всего-то десять шагов! Нет, ей-богу, именно десять, я считал! А речка? На твоих глазах из неприветливой, серой, свинцовой она голубеет, светлеет и начинает искриться, переливаться, сверкать на солнце, манить, обещать-соблазнять, в общем, — смутился отец.

— А ты поэт, пап! — усмехалась она.

— Да при чем тут поэт? — обиделся отец. — Так все и есть, уж поверь! И ты закидываешь удочку, — с восторгом продолжал он, — и садишься на землю. По большому счету, тебе наплевать, сколько ты натаскаешь карасиков или плотвы, хотя натаскаешь уж точно! Нет, дело не в этом. Ты пытаешься охватить взглядом всю эту немыслимую красоту, этот берег, реку, лес вдалеке, поле за лесом. И тишину. Вот это меня каждый раз потрясает. Такая тишь, что начинает звенеть в ушах, веришь? Нет, звуки, конечно, есть — живая же природа! И птицы тренькают, и лягушки поквакивают. И речка тихонько всплескивает все еще сонной водой. И деревня наша начинает подавать признаки жизни, пока еще сонные, вялые.

И все-таки тишина. А солнце уже поднялось и начало припекать. И ты скидываешь ватник и уже маешься в жарких сапогах. И тут начинается. Таскаешь эту мелочовку одну за другой — карасиков, плотвичек, окуньков и прочую шушеру. Мелочь, а вкуснота! В муке обваляешь и на раскаленную сковородку. Поверь, дочь, вкуснее ничего нет. Какие там деликатесы! И к ней, к этой сковородке, молодая картошечка, своя, из огорода, — мелкая, с крупный орех, самая первая, да со своим укропом! Сначала отварить, а потом слегка обжарить на топленом масле. Эх, красота... А вечера? Тихие, теплые, спокойные. Прокукует кукушка, из-за елки вспрыснет какая-то мелкая птичка. И снова немыслимая, оглушительная тишина. И благодать. И расцветает душа, и все отпускает, ей-богу. И так становится хорошо и спокойно...

Давай, Ирка, приезжай! Ты, вон бледная, как сметана. Синяки под глазами. А у нас за пару недель придешь в норму. Да еще сил наберешься на год вперед! У тебя же каникулы на носу!

— Нет уж, — усмехнулась Рина. — Я как-нибудь без ватника и удочки, извини.

— Зря ты! Не в удочке дело, в другом. Жаль, что ты этого не понимаешь. Наверное, потому, что еще молода.

Чудак. Ей-богу, чудак! Он хочет, что бы она в свои долгожданные и драгоценные каникулы поехала в эту глухомань? Любоваться рассветом, слушать тишину и мочить задницу в мокрой траве?

Ага, как же. Нет уж, дорогой папа, поклонник рыбалки и тишины, адепт деревенской жизни. Извини — не ко мне! Я еду к морю, в Коктебель. С большой, кстати, компанией! Которая меня — ты, пап, удивишься — не утомляет, не раздражает, а только радует! И море, и теплый песок! И тоже солнце, заметь! К тому же мне что, жить вместе с твоей тетей Фросей — так называла отцовскую жену смешливая Шурочка. И в ее голосе звучали презрение и застарелая, никуда не девшаяся обида.

Кстати, о Шурочке. Через пять лет после развода она вышла замуж за своего Коли. Да, да, именно Коли! Ну и конечно, он тут же стал просто Коля, точнее Колянчик! И слава богу — никаких заковыристых норвежских имен, невозможных для русского человека. Алкрек, например, всесильный правитель. А ты попробуй-ка выговори это имя! А как вам Болдр? Это принц, между прочим. А Гэндэлф? Палочка эльфа, ха-ха! Да, этого бесшабашного и веселого норвежца звали Коли — что в переводе «черный, угольный».

Внешне «угольный» Коли был, как и положено, рыжеватым блондином с широким, «картофельным», веснушчатым носом.

Коли влюбился в Шурочку до умопомрачения — год мотался в Москву едва ли не раз в месяц, ну а потом предложил руку и сердце.

Та, надо сказать, недолго раздумывала, и, оформив брак в Грибоедовском загсе, уже через три недели они были в Тромсё.

Шурочка стала госпожой Олсен.

— Хорошо, что не Карлсон, — шутила она. — Здесь их море.

Мама была счастлива с Колей — они путешествовали на машине по Европе, стали заядлыми горнолыжниками, Шурочка научилась готовить нехитрые норвежские блюда — картофельные лепешки-блины лефсе, салаку в томатном соусе, форикоп — баранину с капустой — и знаменитый суп из лосося на сливках.

Кстати, несмотря на то что Тремсё находился всего-то в четырехстах километрах от Полярного круга, климат здесь был довольно приличный и мягкий, сказывалась близость Гольфстрима. Правда, лето было прохладное. Городок оживленный, портовый и университетский. Недаром его называли «северным Парижем» — жизнь в нем кипела. Ну и красота, конечно: Тремсё окружали водопады и фьорды.

Рина с удовольствием ездила к матери в гости, а с отчимом, замечательным, легким и остроумным Колей-Николашей, по-настоящему дружила. А самое главное, видела, что они с мамой счастливы.

Выходит, отец был прав. Прав, что решился. А вот Шурочка решилась бы вряд ли. Она не любила принимать серьезные решения.

Да, все правильно: у всех все устроилось, все нашли свое счастье.

Только не Рина, увы.

Нет, не так — просто Ринино счастье оказалось в работе. В этом она себя убедила.

Да, в то самое лето в Коктебеле случился у нее роман с будущим мужем. Все как обычно: погуляли при луне, попили терпкое домашнее вино, заедая его сочными, невозможно сладкими персиками. И жизнь показалась такой же терпкой и сладкой. Правда, на время.

Там же, в Коктебеле, она залетела. Вадик, надо сказать, от обязанностей не отказывался и тут же предложил пожениться.

Она искренне удивилась:

— Зачем? Рожать я, прости, не собираюсь и замуж выходить не спешу.

Вадик сморщился, и ей показалось, что он вот-вот заплачет. Рина обняла его и погладила по голове, как маленького ребенка:

— Ну хорошо, хорошо. Если ты так настаиваешь...

Глупости, он не настаивал вовсе! И против аборта, о котором она решительно заявила, тоже, кстати, не возражал — сам испугался такого развития событий. И Рина, не особо раздумывая, избавилась от беременности. Но от мысли жениться они не отказались. Почему? Просто она была молодой дурой — вот и все объяснение. Захотелось красивого платья, цветов и подарков. А Вадик? Потом до нее дошло — Вадик страстно желал свободы от родителей. А свобода намечалась в виде отдельной бабушкиной квартиры. До женитьбы ему туда переезжать не разрешали — мало ли что! Округтит его, молодого дурака, какая-нибудь из приезжих, пропишется — и прощай, квартира.

А тут вроде своя, московская девочка из приличной семьи, с московской, между прочим, пропиской.

Свадьбу организовали свекры. И не без пафоса, надо сказать. Людьми они были состоятельными и для единственного сына ничего не жалели. Сняли дорогой ресторан, оплатили платье невесты и обручальные кольца — так положено, возражения не принимались. Да никто особо не возражал — правда, Шурочка, будущая теща, к знаменательному событию отнеслась с большой иронией, пренебрежением и даже сарказмом:

— Ну, сходи, сходи замуж! Посмотри, как там хорошо!

В свадебных хлопотах она не участвовала: вам надо, вы и старайтесь!

А накануне свадьбы сурово спросила:

— Надеюсь, папашу своего ты не пригласила? Имей в виду: будет он — не будет меня.

Это была угроза. И Рина, крепко подумав, решила отцу не сообщать о грядущем событии. Мама права — встречаться им не надо. Ни к чему.

С новой родней Шурочка вела себя не особо приветливо, пышных тостов не произносила, вечного счастья и кучи детей молодым не желала. Брак этот не одобряла, а притворяться не умела, да и не хотела — к чему такие усилия?

В дамской комнате, поправляя и без того безупречную прическу, мать недобро спросила:

— Ну, счастлива, невеста?

Нет, невеста не была счастлива. Несмотря на подарки и море цветов. Рине было тоскливо, хоть плачь. В тот же день она поняла, что натворила, и увидела скорый конец этого предприятия.

Их с Вадиком брак не спасла даже та самая отдельная, уютная, маленькая однокомнатная квартирка на Преображенке.

В общем, кроме совместного проживания и бурного ежедневного секса в начале семейной жизни, почти ничего у них не изменилось — утром оба разбегались по институтам, после Рина могла пойти с подружками в кино или пошляться по магазинам. Домой, честно говоря, она не спешила. Подружки ей завидовали — Вадик хорош собой, есть отдельная квартира. Да и свекровь — о такой только мечтать! Это, кстати, была чистая правда — свекровь у нее была замечательная. Готовкой, уборкой, стиркой и глажкой Рина себя не обременяла — еще чего!

Обеды привозила свекровь — конечно, обожаемому сынуле! Горячо любимые им куриные котлетки, грибной суп в трехлитровой банке, сырнички с изюмом и прочие разносолы. Вздыхая, бралась за пылесос, тряпку и утюг.

Наверняка жаловалась подружкам, обсуждая нерадивую невестку. Но молчала. Может, и зря. Дала бы по голове, научила бы варить борщи и крутить котлеты, глядишь, получилась бы из Рины нормальная жена.

Кстати, если в первом браке Шурочка хозяйством себя не обременяла — еще чего, она так молода, и тратить на это свою прекрасную юную жизнь? — то во втором она кое-чему научилась. Правда, праздники любила всегда — Новый год, Восьмое марта. Праздники и гостей. Вот тогда не ленилась. Говорила, что испечь торт или сделать салат — это творчество. А варить ежедневные борщи — рутина. Шурочка презирала кумушек, кланяющихся плите и духовке. Терять на это драгоценное время? Нет, извините! Я лучше в театр схожу или в музей, почитаю книжку или журнал. А уж после ухода отца и вовсе перестала вести хозяйство — много ли им с Риной надо? Так и сидели на бутербродах и сладких булочках — хорошо, что не расползлись. Спасла удачная конституция.

Замужняя Рина возвращалась домой, где уже был порядок и в холодильнике стоял вкусный ужин. Убрано, постирано и поглажено — чем не жизнь, а?

Вадик не был занудой, не капризничал и не придирался — в его жизни тоже почти ничего не изменилось. Те же котлетки и сырники, тот же порядок и выглаженные рубашки. Только исчез тотальный родительский контроль — где ты, с кем и когда вернешься? Задавать такие вопросы женатому человеку не очень прилично. Да и секс — его и эта сторона семейной жизни очень устраивала. Но скоро и это, как часто бывает, сошло на нет, и Рина почувствовала глубокое разочарование.

Она смотрела на жующего мамины котлетки Вадика и с тоской думала: «Зачем? Зачем я здесь, рядом с ним? Да и вообще — зачем нам обоим все это надо?»

Но сбежать все же было неудобно. Неудобно перед родителями Вадика — хорошие люди и так стараются. Перед мамой — уж она-то не упустит прокомментировать! Да и перед мужем... Хороший парень, хоть и совершенно чужой.

И все же не выдержала. В конце концов собрала чемодан и ушла, оставив мужу записку: «Прости, дальнейшего смысла в совместной жизни не вижу. И дело тут не в тебе, а во мне. Еще раз прости».

Бывшей свекрови не позвонила — смалодушничала. Конечно, чувство неловкости перед ней испытывала еще долго. Но потом, как водится, и это прошло.

Развелись они тихо и мирно, совсем по-дружески. Вадик, кажется, и не удивился.

Спустя лет десять она встретила его на заправке. Вадик неспешно вылезал из новехонького «мерса». «А хорош! — подумала она. — Заматерел, возмужал». За Вадиком, высоким, стройным, широкоплечим, в дорогих очках и модной дубленке, из машины вышла молодая женщина — худая блондинка в коротком норковом жакете, затянутая в узкие кожаные брючки. Ничего особенного, такая, как многие, но очень даже вполне.

На заднем сиденье Рина увидела детское креслице, в нем толстого и румяного малыша, утрамбованного в пестрый, нарядный комбинезон.

Рина выдохнула и поспешила отъехать — окликать бывшего и, кажется, успешного и небедного мужа ей не хотелось. Хотя к тому времени она сама стала успешной и вполне небедной — хорошая должность, большая зарплата. Да и выглядела она замечательно — ухоженная, со вкусом одетая женщина.

Только вот без семьи. Без мужа и без ребенка.

Эта случайная встреча предполагала много вопросов. Врать она не любила, а говорить правду не собиралась.

В институте началась их дружба с Маргошкой. Полгода поглядывали друг на друга в курилке, а заговорить не решались. А когда наконец разговорились, поняли: теперь они подруги на всю оставшуюся жизнь, без вариантов. Только не знали, что жить Маргошке оставалось не так много, увы.

С тринадцати лет она жила с отцом, Вениамином Михайловичем, которого называла Веник. Мать ушла к молодому парню, почти ребенку, своему бывшему ученику. Маргошка о ней никогда не рассказывала, лишь однажды жестко бросила:

— Пустая она, как жестянка из-под консервов: звону много, а внутри пустота. Что о ней говорить?

Маргошка была рада, что мать с новым мужем убрались с глаз долой, черт-те куда, под Новороссийск. Мать она не простила и видеть ее не желала. А вот отца обожала, с Веником они были большими друзьями. Тот так и не женился, чтобы у обожаемой дочки не появилась мачеха.

Веника обожала и Рина. Ах, как весело им было втроем.

— Зови меня на «ты», — повторял Веник. — Или я тебе не друг, Ринка?

Друг, конечно, друг, еще бы! Только вот на «ты» не получалось.

Во всем Рина с Маргошкой совпадали. Во всем. Всё видели с одного ракурса. Удивлялись:

такое возможно? В крупном и в мелочах, в важном и в ерунде полное единение и единодушие. Не расставались ни на день. А по ночам болтали по телефону, пока раскаленная трубка не выпадала из рук. Первой обычно засыпала соня Маргошка.

После института было много терзаний — работа на кафедре, возможность аспирантуры, дальнейшая научная работа. Правда, с копеечной, как водится, зарплатой. Ушла. И тут ей, считай, повезло — попала в только-только открывшееся рекламное агентство, тогда это только начиналось — нелепо, непрофессионально, кустарно и грубо. Но, буксуя и тормозя, застревая и проваливаясь в тартарары, набирались опыта. И в конце концов развернулись и раскрутились — к тому времени Рина уже была профи.

Конечно, перетащила туда и Маргошку.

На квартиру зарабатывать не пришлось — квартира у нее была. Просто продала ее, доплатила приличную сумму и купила новую, на Кутузовском. Сделала там такой ремонтище, что, входя всякий раз к себе домой, тихо охала: «Ну неужели мое?»

А одиночество, как оказалось, Рину не угнетало. Работа в рекламе сделала ее жесткой, ответственной, решительной и в чем-то бескомпромиссной, а в чем-то куда более готовой на компромисс, чем была прежде. Разное было в их компании — и подсиживания, и зависть, обиды. И даже страхи. Сколько раз она думала о том, чтобы все бросить и уйти к чертовой матери! Но удержалась. Да и с годами все устаканилось, она приобрела вес и стала начальником отдела, ее уважали, с ней считались — сплетни обходили ее стороной. Работа занимала всю ее жизнь — без этого карьеры не сделаешь. Было, конечно, и все остальное, в том числе два серьезных романа. Первый — с коллегой, как это часто бывает у занятых людей. Но ничего не получилось по причине их невероятной похожести, одинаковости и помешанности на работе — две сильные личности, и, как следствие, расставание. Правда, замуж за него она хотела, что скрывать. Потому что очень любила. Все понимала, но любила и, честно говоря, надеялась. Даже спросила однажды:

— А почему ты на мне не женишься?

Он усмехнулся:

— Трудно жить с женщиной, которая умнее тебя.

— А ты попробуй, — смущенно пошутила она, — вдруг получится?

Он покачал головой:

— Не-а, не выйдет. Я себя знаю.

Слава богу, обоим хватило ума остаться друзьями — совместная работа, куда денешься. А через пару лет после их расставания коллега женился на молоденькой, хорошенькой, длинноногой и совершенно безмозглой курьерше. Про ее тупость ходили легенды — вечно улыбающаяся девица не могла разобраться даже в своей корреспонденции.

Два года Рина отходила от этого романа, с удивлением разглядывая бывшего любовника, — кажется, он, любитель умных, тонких, образованных женщин был вполне счастлив. Он! Ничего, пережила с божьей помощью. А спустя четыре года познакомилась с женатым мужчиной, моложе ее на семь лет. Сразу расставили флажки: мы любовники, всё.

У него, кстати, месяц назад родился ребенок.

Нет, уводить его из семьи она не собиралась — дети это святое. «Главное — не влюбиться, — твердила она, — тогда пропаду». Не получилось — влюбилась, как девочка.

Ну и началось все, что с этим связано, — страдания, ревность, истерики. Куда подевались мозги и жизненный опыт? Куда подевались ирония и сарказм? Вела себя как полная дура — ревновала, звонила по вечерам. Он, естественно, злился, психовал и срывался. Ну и в итоге ушел. Как же ей потом было стыдно! Кажется, такого ужаса она никогда не испытывала. Потом успокоила себя — это была не она.

Ну и итог романа — год лечения от депрессии у психиатра. Ничего, снова вылезла. Бабы — они сильные. Бей наотмашь — все равно поднимутся. Покачнутся, а поднимутся. Распластаются, размажутся по полу, а потом соберутся, вытрут сопли, заплетут косы — и вперед.

Кстати, Маргошка Ринин роман с женатым не одобряла, потому что сама уже была матерью малыша. Впервые не утешала, только хмурилась и скупо бросала:

— Ничего хорошего из этого не получится.

И оказалась права.

Личная жизнь не сложилась. Ну да бог с ней, не у всех она получается. По нынешним временам, выходило так — или семья, или карьера. У нее получилось второе: нет семьи, зато есть любимое дело, в которое она ушла с головой. И без этой адской загруженности, дикого ритма, сумасшедшего драйва и нервов она уже просто не могла. Понимала: если остановится, то просто погибнет.

И жизнь эта, безумная, отчаянная, рискованная, ей очень нравилась.

Или она смогла убедить себя в этом?

* * *

Встречи с отцом становились все реже — нет, он по-прежнему старался приехать в столицу хотя бы раз в год: «Скучаю, Ирка. Очень я по тебе скучаю, дочь!» Но часто свидания срывались из-за ее работы: то срочные съемки, которые отменить невозможно, иначе — колоссальные неустойки, то встречи с партнерами — тоже ни перенести, ни отменить, то внезапные командировки. А пару раз она просто забывала о его приезде и уезжала куда-то.

Однажды уехала в пятницу вечером, почти в ночь, после труднейшего дня в пансионат. Сорвалась внезапно, понимая: если не убежит из Москвы, не проведет пару дней в одиночестве, на природе, то к понедельнику ее просто не будет — физически не будет. А в субботу приехал отец. Что-то придумала, наврала. Противно, а делать нечего. И во время романа с молодым любовником, когда ей совершенно сорвало крышу, с отцом она тоже не виделась — да просто не подходила к телефону. Он, обеспокоенный, тогда прислал телеграмму: «Ира, волнуюсь! Ты в порядке? Ответь».

Ответила, конечно. Наврала с три короба про завал на работе — короче, опять отбрехалась. Отец обижался, хотя и пытался это скрыть, но расстроенный голос скрыть было трудно.

Ну а в последние годы, примерно лет пять или шесть, он вообще перестал приезжать в Москву. Говорил, что прибаливает, ехать ночь или целый день в поезде тяжело, домашние дела ну и все прочее. Рина охала, сочувствовала, спрашивала, не выслать ли денег. Отец твердо отказывался:

— Нам хватает: две пенсии плюс зарплата.

В гости он ее больше не приглашал.

Однажды пошутил:

— Ты теперь важная птица, Ирка! Куда тебе к нам?

Шурочка приезжала в Москву раз в год непременно, и тогда у них с Риной случались загулы: ежедневные походы в театры, рестораны, вернисажи и бесконечные гости. Рина мотала уставшую с непривычки Шурочку по своим новым знакомым, среди которых были и известные публичные люди. С той мгновенно спадала усталость, она начинала кокетничать, сверкать глазами и смеяться. Кстати, была она по-прежнему хороша, эта мадам Олсен, эта уже немолодая Брижит Бардо.

Два раза Рина свозила Шурочку в Ниццу и в Канны — она была счастлива и каждый день рвалась в казино.

Странное дело. С годами Рина, кажется, стала понимать отца. Кажется, он все сделал правильно — они с Шурочкой несовместимы. При дальнейшем совместном проживании дело бы непременно кончилось убийством — случайным или тщательно спланированным. Только кто бы отправился в тюрьму, а кто на погост — вопрос.

Рина полюбила свое одиночество и удивлялась Шурочкиному желанию тусоваться и быть среди людей. Хотя что удивляться: добропорядочной провинциальной домохозяйке московская суета только в радость. А Рина так уставала от людей и бесконечных встреч, что в пустую квартиру заходила с облегчением. Сбросив пальто и обувь, она блаженно выдыхала: «Какое счастье! Одна!»

Это и вправду было счастьем — родная, уютная, красивая квартира, где все, от полочки в ванной до коврика в спальне, тщательно продумано именно для нее.

Она шла в душ, долго стояла под тугой струей, чувствуя, что ее отпускает — опускаются, расслабляются плечи, оттаивают напряженные мышцы.

Потом теплый, пушистый, уютный халат, мягкие тапочки, крем на лицо и шею и — кресло! Дорогущее дизайнерское кресло мышиного цвета, которое ласково и нежно принимало ее в свои объятия, обтекало и убаюкивало. Блаженно откинув голову, Рина закрывала глаза и начинала приходить в себя. И не дай бог, чтобы в этот момент зазвонил телефон!

Кстати, даже в отпуск Рина уезжала одна. Заказывала дорогой отель, максимально удаленный от города, несколько дней валялась в шезлонге — как тюлень, по ее же утверждению, — и, немного придя в себя, брала в аренду машину и каталась по окрестностям, забираясь в самые глухие и отдаленные места — в горы или на дикие пляжи. Конечно, ей оказывали внимание — в ресторанах или в магазинах. Попадались и вполне приличные особи. Но она пресекала любые попытки. «Еще чего! Я на отдыхе, и этим все сказано».

* * *

— Ира! Так что? Ты приедешь?

— Приеду. Завтра выеду и к вечеру буду. Что-нибудь нужно? Ну продукты там или что-то еще.

— О чем ты, Ирочка? — Валентина громко всхлипнула. — Что же мне может быть нужно? Теперь-то?

— Я поняла, — резко ответила Рина и повторила: — Завтра я буду. Всего хорошего.

Плюхнулась в кресло и горько усмехнулась — хорошее пожелание вдове накануне похорон: «Всего хорошего!»

Спала со снотворным, понимая, что ни за что не уснет — воспоминания обрушатся лавиной и потащат за собой.Она просто не доживет до утра — задохнется. Задохнется от чувства вины — страшной, непрощаемой. Пять лет — пять лет! — она не видела отца. Не собралась, не приехала хотя бы на пару дней. Не сказала ему то, что должна была, обязана была сказать. Опоздала.

Мы всегда опаздываем, всегда. Почему? На все находим время, а вот на главное — нет.

И почему она сейчас не плачет? Совсем заледенела?

Утром нервно вытаскивала из шкафа темные вещи — черную блузку, черные брюки.

Побросала все в дорожную сумку, резко закрыла молнию и глянула в окно — машина с водителем стояла под окнами.

Конечно, никакого СВ в поезде не было — еще чего! Важные персоны в К. ездили нечасто, а скорее всего, вообще не ездили — что они там забыли? Никаких крупных предприятий в уездном городке не было, значит, и интереса для бизнеса тоже. Чем жил городок, чем кормился? А бог его знает! Молодежь наверняка разъехалась, старики доживали. Собственно, так жила вся Россия, медленно погружаясь в небытие.

Но в поезде было чисто и тепло, проводница услужливо предложила чай или кофе.

— Растворимый? — спросила Рина.

Проводница искренне удивилась:

— А какой же еще? Поезд ведь, не ресторан какой.

Рина заказала чай, села к окну и — заплакала. Впервые за сто тысяч лет. Она давно позабыла, что слезы соленые, что они могут течь таким сильным и бурным ручьем и что они — чудеса! — могут принести облегчение. «Значит, — усмехнулась она, вытирая платком лицо, — надо срочно учиться плакать. Значит, не до конца, слава богу. Не до конца превратилась в Снежную королеву. Уже хорошо».

Нет, правда ее чуть отпустило, стало полегче. С удовольствием выпила сладкого чая и улеглась на полку, завернулась в одеяло и — снова чудеса — тут же уснула. Проспала ведь день — ничего себе, а! Проснулась за полчаса до прибытия — за окном уже наступили густые осенние сумерки. Наспех причесалась, умылась, морщась от густого запаха хлорки. В холодном, насквозь продувном тамбуре уже стояла проводница с хмурым и недовольным лицом, готовя ступеньки и дверь, распространяя сладкий запах дешевого вина. Рина поморщилась — скорее бы на воздух.

Платформа была мокрая от недавно прошедшего, видимо, сильного дождя. Но пахло свежестью, мокрой землей и травой, и еще чем-то сдобным и вкусным — кажется, свежеиспеченным овсяным печеньем.

В здании вокзала было пусто, дремала, уронив голову в пышных белых кудрях на пластиковую стойку, буфетчица.

Рина вышла на улицу.

Одинокий фонарь тускло освещал темную тихую улицу.

«А говорят, что есть жизнь на Марсе», — с тоской подумала она и оглянулась — в отдалении стояла одна машина, старые и помятые «Жигули», за рулем которых дремал водитель. «Сонное царство, — подумала Рина, — все спят. А всего то полдевятого, в Москве жизнь только начинается. А здесь она, жизнь, похоже, остановилась. Впрочем, она здесь давно остановилась, лет двести назад».

Она постучала в окно машины. Водитель открыл глаза и с удивлением, словно увидев инопланетянку, уставился на нее.

— Вы свободны? — с усмешкой спросила Рина.

Тот растерянно кивнул.

В машине удушливо пахло бензином и старыми тряпками. Рина качнула головой и поморщилась — сервис, однако! — но промолчала. Назвала адрес, и наконец с божьей помощью тронулись.

— Доедем то без потерь? — с опаской спросила она.

Водитель посмотрел на нее с удивлением:

— Зря беспокоитесь, дамочка! Доставим в лучшем виде, не сомневайтесь!

Рина смотрела по сторонам — в окнах почти не горел свет. Мертвое царство, городок спит, и даже экраны телевизоров не подсвечивали голубым, рассеянным светом.

— И что, — спросила Рина, — у вас так всегда?

Водитель глянул на нее с удивлением.

— Ну в смысле, девять вечера, и все на бочок.

— А, вы про это! — словно обрадовался он. — Так провинция! Село, можно сказать. Ложимся рано, встаем с петухами. Это здесь, в городке. А там, в деревне, — он махнул рукой, — там вообще в восемь темно. А вы, извиняюсь, из самых столиц?

— Из самых, — кивнула она. — Из самых что ни на есть.

— И как там у вас? — осторожно спросил водитель. — Ну в смысле в целом?

— В целом хорошо. А вот не в целом...

Водитель понимающе кивнул:

— Ну так везде! И там, и здесь.

— Наверное, — ответила Рина и подумала, что, хотя она целый день проспала, очень устала. Ломило тело, зудели ноги, разболелась голова. «Нервничаю, — подумала она. — Просто очень нервничаю. Папа. похороны. Ну и эта... Мадам, тетя Фрося. Как ни крути, а общаться придется. Приятного, конечно, мало. Но и это переживем».

Минут через десять выехали из городка, и дорога кончилась. Водитель посмотрел на нее, словно извиняясь: дескать, не обессудьте, ехать всего-то минут двадцать. Терпите.

Вдоль дороги густой и плотной армией стояли леса. «Глухомань, — вздохнула Рина. — Еще какая глухомань!» Впереди показались тусклые огни. «Раз, два, три», — пересчитала она.

Два фонаря и одно окно в доме. Наверное, наше. В смысле, тети-Фросино, Валентины. Водитель резко затормозил и обернулся:

— Приехали, дамочка. С вас двести рублей.

Она протянула деньги:

— Спасибо.

— И времечко провести хорошо! — Он, кажется, обрадовался, что она не стала торговаться.

Подхватив сумку, Рина взглянула на дом, у которого остановилась машина. В соседних домах было темно. А в этом горел тусклый свет. Значит, точно сюда — не ошиблась.

Толкнула калитку. Недалеко, кажется, на соседнем участке, залаяла собака. Рина поднялась по ступенькам и, собравшись духом, наконец постучала. Послышались шаги, заскрипел замок, и дверь со скрипом открылась. На пороге стояла высокая, не по возрасту стройная женщина в теплом платке, накинутом на плечи.

— Иришка! — жалобно выкрикнула она и протянула к ней руки.

Рина чуть качнулась, отпрянула, но было поздно — крепкие сильные руки уже обнимали ее и пытались прижать к себе.

— Добрый вечер, — растерянно пробормотала Рина. — Добрый вечер, Валентина.

Женщина закивала, заплакала и чуть выпустила ее из своих объятий, чтобы получше рассмотреть.

— Ира, Иришка! Как же хорошо, что ты приехала! Как хорошо, что время нашла! Уж как бы Санечка был рад!

И тут заплакала Рина.

«Откуда столько слез? — подумала она. — Наверное, за последние двадцать лет накопилось». И она шагнула в прихожую.

— В сени, — сказала хозяйка. — В сени проходи, Ирочка!

Из дома пахнуло жильем и теплом.

Раздевалась Рина медленно, оттягивая общение с этой чужой женщиной, отцовской женой, которую столько лет успешно избегала. Но встретиться все равно им пришлось.

В прихожей — сенях, по словам хозяйки, — было тепло и пахло мокрой деревянной бочкой, смородиновым листом и укропом. В углу и вправду стояла большая темная бочка, из которой и доносились умопомрачительные запахи огородной травы и соленых огурцов. Рина непроизвольно громко сглотнула слюну и смутилась.

Она замешкалась с обувью и растерянно оглянулась — у двери в дом ровно, в ряд, стояли резиновые сапоги и обрезанные по щиколотку старые валенки.

— Чуни надевай! — предложила хозяйка. — По полу дует.

Влезать в разношенные чужие валенки совершенно не хотелось, но и отказываться было неловко. Рина скинула модные остроносые ботильоны и влезла в чуни, тут же ощутив блаженство — уставшие и замерзшие ноги попали в обувной рай. Им было свободно, мягко и тепло — вот тебе и чуни!

Хозяйка толкнула дверь в дом.

Комната — зал, как сказала хозяйка, — была довольно большой и, как ни странно, уютной: диван, два кресла, обеденный стол и журнальный, телевизор и книжный шкаф до потолка. На потолке висела знакомая люстра — Рина вспомнила, что точно такая же висела у сосед-

ки и называлась красиво и громко — «Каскад».
Соседка ею страшно гордилась — прям как хрустальная, а? — и предлагала Рининой маме посодействовать в покупке «прям как хрустальной».
Шурочка брезгливо хмурила носик и надменно
фыркала:

— Господи, ну какой же плебейский вкус
у нашего народа! Впрочем, что он хорошего
видел, этот несчастный народ, — тут же снисходительно добавляла она.

На стене висел красный ковер в желтых
разводах. «Классический интерьер семидесятых, — подумала Рина. — Из той, давно ушедшей
жизни». Лет тридцать, как пришли времена евроремонтов, шелковых и виниловых обоев, навесных потолков, импортной плитки на любой
вкус и всего прочего, без чего, казалось, жить
нельзя и просто неприлично. А здесь все это
было на месте, словно и не прошло тридцать
смутных лет. И это нищенское, убогое, советское, с безусловным оттенком пошлости, вот
что странно, было уютным.

— Садись, Иришка, — захлопотала хозяйка. — Чаю с дороги? А может, поешь? Ты уж
прости, ничего не готовила. Санечка совсем не
ел в последние недели. Даже бульон не хотел.
А я что себе-то готовить? Приду из больницы,
хлеба с молоком съем — и все. — Она всхлип-

нула и тут же встрепенулась: — Ой, картошка холодная есть! — В голосе ее послышалась радость. — Соседка принесла! Ее можно с грибами, с огурчиками, а, Ир?

Было неловко — только переступила порог, и на тебе. Но при словах «огурчики и грибы» засосало под ложечкой и рот наполнился слюной. В поезде Рина только пила чай с печеньем.

Грибы она обожала. Шурочка покупала только шампиньоны — других грибов она не знала и боялась. Отец же разбирался в грибах и обожал грибные походы — ясное дело, человек деревенский. Да и что такое шампиньоны? «Разве это грибы для русского человека? Так, суррогат, пародия», — усмехался отец.

Рина смущено кивнула. Дескать, извините, но поем. Валентина почему-то очень обрадовалась и тут же бросилась накрывать на стол. Принесла из погреба запотевшие банки с грибами:

— Вот тут, Ириш, грузди. Черные. Хрустят! А это масленки. Сопливые малость, но ты попробуй, тоже хороши!

Казалось, суета отвлекает Валентину от горя. Она умело, ловко и быстро собрала на стол, принесла разогретую на сковородке мелкую, с небольшую сливу, картошку, порезала хлеб и села напротив.

— Ешь, ешь, — приговаривала она. — Ты ж с дороги, я все понимаю.

— А вы? — спросила Рина

Валентина покачала головой:

— Нет, не лезет. — И тут же всплеснула руками: — Как забыли-то, Ир! А помянуть? Санечку моего помянуть. — И она громко, в голос, разрыдалась.

Выпили водки из маленьких пузатых стаканчиков-шкаликов, Валентина сморщилась и лишь надкусила соленый огурец.

«Санечка»... В той, прежней жизни он не был Санечкой — он был Сашей. Конечно, повод для шуток — Александр и Александра.

— Как будем имя делить? — в начале знакомства осведомилась Шурочка. — Имей в виду, я Шурочка, и никаких вариантов вроде Саньки, Сашки или Альки! А ты?

Отец тогда рассмеялся:

— Да мне все равно, вот ей-богу! Хоть горшком назови! Только люби, — добавил он серьезно.

Решили, что будет Сашей, и он согласился. Хотя позже признался — мать звала его Шуркой.

От Валентининого «Санечки» Рина каждый раз вздрагивала, словно речь шла не о ее отце. Надо было привыкнуть.

Было так волшебно вкусно, что Рине стало неловко — ела она торопливо, словно боялась не успеть съесть все эти невозможные огурцы, крепкие, твердые, пупырчатые, в налипших ароматных травках, мелкие скользкие маслята с глянцевыми светло-коричневыми, цвета любимого молочного шоколада, шляпками и хрусткие, черные, лохматые шапки груздей.

От водки стало тепло и потянуло в сон. Выпили еще по одной. Ужасно хотелось лечь, вытянуть ноги и закрыть глаза. Но Рина видела — Валентине хочется поговорить. Поговорить про своего Санечку, потому что он был только ее, Валентинин. А Рине сейчас казалось, что этот Санечка и ее отец — два совершенно разных человека. Один принадлежал Валентине и был незнакомым и чужим, посторонним и непонятным, а другой принадлежал только Рине. И вот он был знакомым, понятным и когда-то самым родным. Правда, это было давно.

Валентина все говорила и говорила, а Рина еле сдерживала зевки и почти не разбирала ее монотонного, убаюкивающего голоса. Глаза закрывались от усталости, от волнения, от выпитой водки. Кажется, она уже дремала, но сквозь дрему все же слышала тихий всхлипывающий голос отцовской жены. Теперь уже вдовы. Сквозь дрему кое-что все же улавливала — что заболел отец полгода назад, резко стал худеть и потерял хороший прежде аппетит. Ел вяло, через силу, после длительных уговоров жены.

— Даже картошечку любимую не ел. А раньше мог тарелку умять! — И Валентина расплакалась.

Рина помнила, как отец любил жареную картошку. Жарил ее сам — мама, малоежка, любительница тортиков и конфет, перекусов в виде бутербродов, не признающая «пролетарскую еду» да и обеды вообще, категорически не ела отцовскую картошечку и с презрением и даже брезгливостью бросала взгляд на шкворчащую сковородку.

Картошку Рина с отцом жарили вместе, старались без Шурочки, когда ее не было дома. «Чтоб не портила аппетит!» — смеялся отец.

Рина картошку чистила и нарезала тонюсенькими, полупрозрачными кружочками — этому она научилась не сразу. Жарил, конечно, отец. И картошечка у него выходила сплошное объедение — отдельными лепестками, не слипшаяся, с хрустящей и ломкой корочкой.

Рина накрывала на стол: вареная колбаса, солености, огурец или помидор из трехлитровой венгерской банки, и апофеоз — отец ставил на стол шипящую сковородку с картошкой.

Это был их секретный пир. И как им было хорошо, господи! К приходу мамы все тщательно убиралось. «Заметаем следы», — шутил отец.

— А потом съездили в город на обследование, и все подтвердилось, — продолжала Валентина, и было видно, что рассказывать ей об этом трудно. — Слег он быстро, бороться не захотел, говорил, что все понимает, срок отпущен — врач в больнице просветил. Сейчас мода такая, — всхлипнула она, — резать правду-матку. Зачем? Когда человек правды не знает, у него есть надежда, и силы, и желание бороться. А когда понимает, что обречен... — Она утерла ладонью глаза и махнула рукой.

От химии отец отказался — к чему продлевать муки? Чтобы еще год-полтора задержаться на этом свете, лежа в постели без сил, мучая близких? Дальше Валентина перепробовала и травницу из соседнего села, и колдуна из другого. Ходила в церковь, била поклоны Господу. Понимала, что все зря. Но крошечная надежда в душе оставалась.

В сентябре начались боли. Уколы ставила местная фельдшерица Надя, но были перебои с лекарством:

— Времена сейчас такие, людей не жалко. Разве раньше, при советской власти, такое могло быть?

Это был вопрос, и Рина кивнула. А что оставалось? Поборницей советской власти она не была, но в словах отцовской жены была сермяжная правда.

— Словом, мучился Санечка, мучился. Вот только за что? Хороший ведь был человек, честный, порядочный. Никому зла не сделал. Но болезни безразлично. В кого пальцем ткнет, кого выберет, кого пометит...

— Послушайте! — возмутилась Рина. — А почему вы мне ничего не сообщили? Я же в Москве, с деньгами, со связями! Может быть там, в Москве, ему бы помогли! Или, в конце концов, облегчили бы страдания!

Она подумала, что эта женщина ее раздражает. Двадцать первый век на улице, а она «знахарки, церковь». Глупость какая!

— А Санечка не велел, — тихо ответила Валентина. — Не велел тебя, Ирочка, беспокоить. Говорил, у тебя и так хватает и дел, и проблем. Да и зачем хлопотать — бесполезно. Жалел он тебя. И еще, — она помолчала, — всю жизнь ведь чувствовал свою вину перед тобой. Всю жизнь. Говорил: вот как получается — я ее бросил, а когда плохо — к ней? Нет, не имею на это права! Нет, и точка.

— Глупость какая! — снова возмутилась Рина, стараясь не обращать внимания на эту «всю жизнь». — Что значит «беспокоить»? У меня действительно большие возможности!

Валентина упрямо повторила:

— Это была его воля.

«О чем теперь говорить? — устало подумала Рина. — Дело прошлое. Отца уже нет. Но Валентина эта дура, ей-богу. Что значит «его воля»? Вчера же нашла телефон, позвонила! И раньше могла! Когда речь идет о жизни человека, при чем тут его воля?» — От возмущения сон прошел как не было. Валентина монотонно продолжала:

— Ну и дальше увезли его в больницу — он сам попросился, я отдавать не хотела. Хотя понимала — там хоть уколы. А потом догадалась — он в больницу ушел, чтобы мне меньше хлопот. Слава богу, хоть без болей — кололи по расписанию. Правда, уже был в забытьи — даже меня не узнавал...

Рина молчала. А что тут скажешь? Спасибо за то, что выхаживали отца? Спасибо, что не оставили? Глупость какая, она жена ведь. И прожили они лет двадцать с лишним. Больше, чем с Шурочкой, прилично больше.

— Во сколько похороны? — спросила она.

— Похороны в десять, морг при больнице, в городе, до больницы автобусом, если не поломается, минут сорок. Но выйдем пораньше, в девять. Мало ли что. Ты ведь не против?

Бред какой. Если не поломается. А если поломается? Судя по всему, здесь это часто случается. А заказать машину? Такси? Хотя какое такси — такси в городе. А здесь только автобус.

— А нельзя попросить кого-то из соседей? — раздраженно спросила Рина — Есть же у кого-то машина? Я, разумеется, все оплачу. И кстати, поминки! Надо же сделать поминки! Или у вас... — Рина осеклась.

Валентина захлопала глазами и, кажется, обиделась:

— Как же, конечно! Конечно, будут! Там же, в городе, недалеко от больницы, в кафе. Я вчера съездила, все заказала и оплатила, спасибо. Народу будет немного — две мои подружки, соседи наши, деревенские, ну и фельдшерица Надя, она всех своих провожает. — И Валентина утерла слезы ладонью. — А машина... — Она усмехнулась. — Какие у нас тут машины, Иришка? У кого? Народ нищий да пожилой. Машина есть у Мишки, моего старого дружка, да разве всех туда усадишь? А ехать одной на машине неловко. А там, на месте, конечно, нас всех подхватят — Пашка, сосед, Даши Нестеровой сын, на своем «пазике». — И тут же спохватилась и охнула, взглянув на часы: — Все, спать, Иришка, спать. Завтра рано вставать. Я тебе в горнице постелила. Ты не против?

— Не против.

Знать бы еще, что такое горница.

Горница оказалась маленькой и теплой. Жар шел от печки, выходящей одной стенкой в горницу. Комнатка метров в пять, с ковром на стене. «Машина времени, — подумала Рина. — Снова в семидесятые годы». Впрочем, такого у них в семье не было и тогда, в скудные семидесятые. Шурочка — и ковры на стенах? Увольте. Мещанский быт и безвкусица. Такие квартиры Рина видела у одноклассниц. А вот постель оказалась мягкой, уютной.

— Перину тебе постелила, — гордо сказала хозяйка. — Еще моя бабуленька стегала — жаркая! Будто на печке лежишь. Руки у нее были золотыми. Ну ты сама увидишь! — И тихо добавила: — Спи, Иришка, отдыхай. Завтра у нас с тобой тяжелый день.

Рина была уверена, что мгновенно уснет. Но нет — сон не шел, зато в голову лезли дурацкие мысли и наплывали воспоминания. Да и перина оказалась не просто мягкой и теплой — удушливо жаркой, душной и пахла лежалым бельем.

Рина с трудом раскрыла окно — рассохшаяся рама поддаваться не желала. Тут же пошел свежий воздух, и стало полегче. Но по-прежнему не спалось. Перед глазами стоял отец, молодой и здоровый, подтянутый, жилистый, спортивный. С густыми темными бровями и ямочкой на подбородке. Красивый мужчина, это все замечали. Да вообще они с Шурочкой были красивой парой.

Комплименты отец не выносил, как и повышенное к себе внимание. Недовольно хмурился:

— Во-первых, внешность — это не большая заслуга для мужика. А во вторых, заслуга не моя.

А Рине нравилось, когда восхищались отцом, еще бы! Конечно, он был красавец. Только вот густые отцовские брови, доставшиеся ей по наследству, приносили много хлопот — для мужика замечательно, а вот для женщины... Выщипывать их она начала с восьмого класса. Ну и до сей поры, естественно. Цвет глаз ей достался отцовский, серый. «Мышиный», — как смеялась темноглазая Шурочка. И ямочка на подбородке досталась. Только вот опять — для мужчины это бонус, мужественность. А для женщины, говорят, ослиное упрямство.

Да, красивой они были парой, ее родители, как из французского кино — высокая и стройная темноглазая блондинка Шурочка и темноволосый и сероглазый, высокий и стройный отец. Смотрелись-то здорово, а вот счастливыми не были.

А эта тетя Фрося, эта Валентина... Обычная заурядная тетка. Но тут же Рина одернула себя:

«Не ври. Лицо у нее хорошее, отнюдь не простое. Такие лица называют иконописными — узкие темные брови, удлиненные темные глаза, прямой нос, высокие скулы. Правда, губы узковаты. Но зато волосы замечательные — толстенная, закрученная баранкой коса. И седины совсем мало. А вот руки деревенские. Крупные, рабочие, неухоженные, без маникюра. В земле человек копается, какой уж тут маникюр?»

Честно говоря, отцовскую жену Рина представляла другой — образ деревенской тетки, навязанный фильмами и книгами, стоял перед глазами. Да и сама она их повидала. Они почему-то были похожи между собой — крикливые, суетливые, вечно критикующие молодежь и современную моду. Располневшие, рыхлые, с опухшими ногами в густых реках вен, с распущенной химической завивкой, в вылинявших халатах или цветастых и ярких платьях, с обязательной самовязаной растянутой кофтой на пуговицах или в прямых темных юбках. На ногах сапоги со стоптанными каблуками или разношенные тапки. В руках огромные дешевые сумки из дерматина. Одинаковые коричневые или черные пальто с желтоватым песцом, одинаковые золотые сережки с прозрачными разноцветными камнями, дутые кольца из красного золота. И непременный атрибут — золотые зубы, в ряд или одиночные фиксы. И запах. Невыносимый запах дешевых духов и рабочего пота. Но на деле эти простецкие, замученные жизнью и бытом тетки оказывались душевно щедрыми и вовсе не злобными, готовыми поделиться последним. Но это еще надо было понять.

А Валентина даже одета была совсем не так, как представлялось Рине, — никаких заношенных халатов и старых, штопанных на пятках шерстяных носков. От нее не пахло духами — от нее пахло чистотой, стиральным порошком и свежим бельем. И не было на ней ни серег, ни колец. И химии на голове тоже не было. Она вообще была другой, не такой, как все. И не простотой веяло от этой странной женщины, совсем не простотой. А скорее загадкой.

Наверное, этим она и взяла отца, эта женщина. Зацепила и привязала к себе. О чем они с ним говорили? Чем делились друг с другом? И неужели после стольких лет в городе ему нравилось возиться в огороде, копать картошку, солить в бочке огурцы, резать кабанчика к празднику, колоть дрова, топить печь? Хотя как иначе? Это была его жизнь, он ее выбрал добровольно, без принуждения. А ведь Рина насмехалась над ним, не верила, так и не смогла этого принять. А отец ей не врал. Он вообще

183

старался не врать, говорил, чтобы потом не выкручиваться. И все-таки... Как можно было добровольно выбрать все это?

Она не разговаривала с отцом об этом — была обижена, не хотела ничего знать. Да и он смущался, про новую семейную жизнь не говорил — рассказывал про необыкновенные закаты, серебристую застывшую речку, дымчатый теплый восход, рыбалку эту дурацкую, про грибные походы, болота, красные от созревшей клюквы. А еще про пение жаворонка, про желтое поле и малахитовый лес, про узкую снежную тропку и белок, садящихся на руку.

Но разве Рина его слушала? Разве хотела его услышать? Нет. Она только посмеивалась и раздражалась — ей хотелось поскорее распрощаться и убежать к подружкам или на свидание. Да куда угодно, лишь бы не слушать отцовские восторженные рассказы. Все эти красоты, «немыслимые закаты», «невообразимые восходы», ей, честно говоря, были до фонаря. Она и тогда была, и сейчас остается убежденным урбанистом. И не понимает коллег и друзей, строящих коттеджи и дачи, стремящихся убежать на природу «восстановиться и прийти в себя». Нет, она любит путешествия, горы и моря, спокойный и тихий отдых — дней пять, не больше. А потом начинает скучать — снова хочется в город. В сумасшедшую, такую родную, такую знакомую жизнь.

А уснуть все не получалось. Тревожили странные шорохи, как будто дом поскрипывал, постанывал, даже вздыхал. Вспомнила слова отца: «Знаешь, Ирка, дом — это живой организм, живущий своей отдельной жизнью. Он тоже болеет, дряхлеет, грустит или радуется, что-то вспоминает — а ему точно есть что вспомнить. Я часто слышу его вздохи, бормотание, шепот. А квартира, Ир? Точно нет. Квартира — это секция в улье!»

Она пыталась возразить:

— Глупости, у каждой квартиры свой дух и запах, свое лицо, сообразное хозяину.

— Не то, — качал головой отец. — Ты мне поверь. Эх, Ирка! С годами, надеюсь, поймешь!

Однажды, слушая его рассказы о деревенской жизни, Рина с раздражением сказала:

— Ох, пап! Вот они, крестьянские корни! Правильно говорила бабушка Маша — неистребимо! Все рвутся в город, а ты убежал в деревню.

Отец только пожал плечами:

— Ну а что тут странного?

Вспомнились и гостинцы отца, деревенские подарки — он называл их именно гостинцами: мед, соленые и сушеные грибы, кусок домашнего окорока — бледно-розового, с прозрачной слезой, с тоненькой резиновой шкуркой и нежнейшим, белоснежным жирком. Малиновое варенье — Ирка, не из садовой, из лесной малины. Нет, ты понюхай — совершенно другой аромат!

Домой, разумеется, она эти подарки не приносила, живо представляя мамину реакцию. Отдавала Таньке, чему та была страшно рада. Иногда съедали вместе. Та бурно восторгалась, восторженно чавкала:

— Ох, вкуснота! Да, Ир? Разве сравнить с нашей бумажной колбасой?

Было и вправду очень вкусно, но Рина с раздражением думала: «И зачем мне твои грибы и варенье? Лучше бы дал денег, вот что мне бы точно пригодилось». Хотя понимала — какие у него, у школьного учителя, деньги?

Однажды Рина попросила отца эти подарки не привозить:

— Мы не голодаем, пап. Честное слово. Не надо.

Тот обиделся, но ничего ей не сказал. Только вздохнул:

— Ну как знаешь...

Однажды, будучи почти взрослой, Рина спросила:

— Пап, а ты и вправду ни разу не пожалел, что уехал из города? Ну вот просто ни разу?

Отец посмотрел на нее с искренним удивлением:

— Ни разу, Ир! Вот честно, ни разу! Да и потом... Меня давно не было бы в живых, если бы я остался в городе и если бы... — Он на секунду осекся и продолжил: — Если бы не Валентина, жена. Она же меня выходила, дочь, спасла. И от язвы моей, и от душевной боли. От обиды на жизнь. Разве такое забудешь?

Рина ничего не ответила и с сарказмом подумала: «Ага, как же! Валентина эта, тетя Фрося! А здесь, в Москве? Где лучшие врачи? Да со всего Союза сюда едут больные! А он... Эта Валентина его спасла! Травками она его отпаивала, ага, язву его залечила. Нет, ей-богу, смешно».

Рина перевернулась на бок, кровать скрипнула, пружины жалобно запели, за окном что-то глухо шлепнулось наземь, и тут же тоскливо забрехала собака. «О господи, — вздрогнула она. — Поди тут усни».

Подушка была немного влажной. Рина вспомнила, как видела где-то за городом, у кого-то на даче, летом, в погожий денек, хозяйки вывешивали подушки и одеяла на просушку и проветривание — дескать, за зиму запревают и начинают дурно пахнуть.

Эту, видимо, не проветривали.

От настенного коврика пахло пылью, от деревянного пола — сыростью.

Из окошка поддувало — в общем, деревенский комфорт. «Нет, это не для меня, — в который раз подумала Рина. — Увольте! Ничего, два дня — и домой.

А может, уехать завтра, сразу после кладбища? Или не очень удобно? Кажется, на поминках надо присутствовать — не так поймут. Но не наплевать ли мне, кто и как это поймет и кто меня осудит? Кто они мне, эти люди? Уеду и никогда — никогда — не вспомню о них. И вправду, надо уехать завтра, сразу после кладбища. Здесь, кажется, оно называется погостом?

Только в каком я буду состоянии, вот в чем вопрос. Ничего, как-нибудь. В конце концов, не привыкать. Вся жизнь на сопротивлении, вся».

* * *

Рина проснулась и глянула на телефон — полвосьмого. Ого, надо подниматься. Валентина сказала, что автобус в полдевятого. Если будет, конечно.

Было зябко. Попробовала бочок печки — остыл. Поеживаясь, быстро оделась.

Валентина сидела за столом и смотрела в одну точку.

— Простите, — кашлянула Рина, — я припозднилась.

Та вздрогнула, глянула на нее и попыталась улыбнуться.

— Ничего, Ирочка. Все нормально. Успеем. Чаю выпей, и поедем с божьей помощью. Сейчас подам тебе, садись.

Она вышла в кухню и через несколько минут внесла чашку с дымящимся чаем и тарелку, на которой лежали два куска хлеба, густо намазанные маслом.

— Вот-вот яичница будет, обожди пару минут. Слава богу, куры еще несутся.

— Да обойдусь, не беспокойтесь, — поспешила ответить Рина. — Я вообще утром есть не привыкла, так, чашку кофе, кусок сыра — и все.

— Сыра нет, — развела руками хозяйка. — Сто лет не была в магазине. Вот, Нина, подружка моя, хлеба вчера занесла, говорит, помрешь с голоду, Валька. А мне и вправду не до еды. Зато масло наше, деревенское. И хлеб вкусный, серый. В городе такого уж точно нет. Санечка всегда восхищался: «Какой у нас хлеб, Валя! Не хлеб — пища богов!» Хлеб с маслом любил больше всего — просто свежий хлеб и масло. Говорил, что на такой бутерброд не нужны ни сыр, ни колбаса — они его только испортят. Раньше-то вообще в деревне ничего не было, ни сыра, ни колбасы, — вот мы и отвыкли. Нет, в районе, конечно, можно было достать, только как-то мы обходились. Сейчас, конечно, всего навалом, даже в нашем, деревенском. Но говорю — отвыкли.

«Ну да, конечно, — подумала Рина, — испортят! Как можно испортить бутерброд настоящим французским канталем или, скажем, итальянской соппрессатой?» Рина глотнула горячий чай и откусила кусок хлеба. «А ведь правда, — удивилась она, — вкусно-то как!» Масло, нежнейшее, ярко-желтого цвета, сладковатое, таяло на языке. Хлеб, ноздреватый, чуть солоноватый, немного влажный, пах солодом — запах детства, запах твердых, чуть сладких бубликов по шесть копеек, теплого подового с плотной горбушкой, из-за которой они с Танькой ссорились. Делили так: верхняя горбушка тебе, нижняя мне. Только как они определяли верхнюю и нижнюю? Этого Рина не помнила.

Валентина поставила перед ней маленькую черную чугунную сковородку с шипящей глазуньей.

— Санечка со сковородки любил, — вздохнула она. — Говорил, так вкуснее.

Рина помнила, когда матери не было дома, и картошку, и яичницу они ели с отцом со сковородки. При маме, конечно, ни-ни! Заработали бы по полной. Но со сковородки было на самом деле вкуснее. Вот почему?

И у яиц вкус был другой. Вернее, так — у яиц *был* вкус, не то что у магазинных. Даже самых отменных и дорогих, на «натуральных кормах». «Везде у нее Санечка, — подумала Рина, — везде. При каждом слове его вспоминает, при каждом действии».

Через двадцать минут были готовы. Валентина, одетая в темное, — в длинном, до щиколотки, пальто и в черном вдовьем платке на голове, повязанном низко, почти по глаза. На ногах — резиновые сапоги. Из-под пальто — черная суконная прямая юбка.

Валентина осторожно и тревожно разглядывала Рину, потом пошла в свою комнату и вышла, держа в руке черную косынку из плотного шелка:

— Надень, Иришка. Так положено.

Спорить не стала — покорно кивнула и кое-как повязала платок.

Головные уборы она не носила, уверенно считая, что никакие шапки, шляпки и тем более платки ей не идут. В крайнем случае — капюшоны. Да и их накидывала редко, уж совсем в случае непогоды или после укладки.

Да и волосы ее были такими густыми, что заменяли любую шапку.

Вот с чем точно повезло — так это с волосами. Маргошка, вечно мучившаяся со своими «тремя перьями в шесть рядов», по ее же словам, глядя на Рину, вздыхала:

— Эх, подруга! Ну поделилась бы, а? Зачем тебе столько?

— Бери! — смеялась Рина. — Для тебя точно не жалко!

Но платок, как ни странно, ее не испортил — черный всегда был ее цвет, и, убрав буйные кудри, Рина с удивлением отметила, что гладкие волосы ей бы тоже пошли.

Запирая дом, Валентина глянула на Ринины ноги.

— Нет, девочка, — покачала она головой, — так не пойдет. Ботиночки твои не для нашей погоды. Промокнешь тут же. — Валентина повернула ключ в замке, вернулась в сени и вышла, держа резиновые сапоги и шерстяные носки. — Надевай! — приказала она.

Рина посмотрела на свои ботильоны, потом на предложенные сапоги.

— Ничего, не промокну. Это хорошая обувь, не из дешевых. Я в ней много раз в дождь попадала.

Но Валентина решительно и строго перебила ее:

— Надевай! И не спорь! Промокнешь в своей недешевой, я знаю, что говорю. Там, на кладбище, грязь непролазная! Да и наверняка развезло после дождя. А дожди шли неделю.

Рина подчинилась — натянула носки и влезла в сапоги. Шли по деревне, и она с интересом поглядывала по сторонам.

— За Нинкой зайдем, — сказала Валентина и шагнула к зеленой калитке. — Нинка, Нин! — крикнула она, и на пороге появилась полная женщина в стеганой куртке с капюшоном и, надевая на голову черный платок, крикнула:

— Иду, Валя, иду!

Валентина представила Рину:

— Дочка Санечкина. Знакомьтесь.

Нина протянула Рине крупную широкую руку:

— Нина Василенкова я.

— Очень приятно, — кивнула Рина.

На соседке были надеты высокие черные резиновые сапоги. «Видно, Валентина правда знает, что говорит, — подумала Рина. — Им, местным, виднее». Кстати, в носках и сапогах было тепло и уютно. Шагая по разбитой колдобистой дороге, Рина представила, как бы она сейчас мучилась в своих моднейших итальянских сапожках на каблуке. И вправду ноги переломаешь, да и лужи. Кругом сплошные лужи. Осень. Деревня. Дороги — как сто лет назад, как описывали классики.

Деревня была довольно большой — на единственной улице друг напротив друга стояли дома — пятнадцать дворов справа, столько же слева. Они были похожи друг на друга, как близнецы-братья: покрашенные в коричневый крыши, темно-зеленые или коричневые фасады с тремя окнами. Палисадники с почти отцветшими астрами, самыми поздними из цветов. Уже пожухлая и пожелтевшая трава, почти облетевшие деревья, на которых кое-где висели неснятые бурые яблоки.

За околицей лавочки, потемневшие от времени и осенних дождей. Вот только дым из труб шел не из каждого дома — в некоторых и вовсе окна были заколочены крест-накрест.

Валентина перехватила ее взгляд:

— Разъезжается молодежь. Ну и правильно, что здесь делать? Совхоз развалили, работы нет. Санаторий закрыли — нерентабельно, видите ли, далеко от центра и вообще. А раньше пол-Союза сюда приезжало, на нашу водичку. И помогало ведь, а? Старики поумирали, а продать эти домишки невозможно — кому нужна дача за тридевять земель, полсуток из столицы добираться.

— Нет, летом тут у нас красота! — улыбнулась Валентина.

— И летом красота, и зимой, — поправила Нина подругу.

— Только осенью тоска. А где осенью не тоска? — улыбнулась Валентина.

Рина кивнула, но в душе не согласилась. Нет, конечно же, октябрь не самый лучший месяц в году. Уже подступают вполне ощутимые холода, начинаются дожди. Особенно в конце месяца — осень готовит к зиме. Нет, бывают и теплые октябри — Рина их помнила. И все-таки в городе не так тоскливо и уж, конечно же, чище. Темные мокрые заборы, черные деревья. Темный печальный лес и желтое поле. «Нет уж, ваши красоты не для меня! Да и в избе, если честно, не так уж приятно. — Она поежилась, вспомнив утреннюю зябкость и нежелание вылезать из-под одеяла. — И без горячего душа. Ох, скорее бы домой! В теплую, даже жаркую, квартиру да под горячую воду. В Москве в октябре уже топят».

Сапоги вязли в чмокающей грязи и становились все тяжелее.

Когда они подошли к остановке, закапал мелкий, унылый дождь. Женщины выглядывали на дорогу, с тревогой ожидая автобус. Нина успокаивала подругу:

— Не бойся, Вальк! *Туда* еще никто не опаздывал.

Рина отвернулась — да уж, смешно.

Наконец показался автобусик — кривенький, скособоченный. Женщины встрепенулись и облегченно выдохнули — ну слава богу! Автобусик резко затормозил, остановился, фыркнул темным, вонючим дымом, крякнул и со скрипом открыл двери. Народу там было негусто: несколько бабок в старых прорезиненных, похожих на плащ-палатки плащах, дед в телогрейке и притулившийся к влажному, запотевшему окну парень в грязной спецовке.

Уселись на заднее сиденье и наконец успокоились — успеваем. Рина поморщилась от резкого запаха табака, мокрой одежды и перегара. Автобусик трясся на ухабах, припадал, как калека, нервно подскакивал на кочках и колдобинах, шофер громко матерился и дымил вонючей цыгаркой — весь дым шел в салон.

Рину укачало и замутило. Слава богу, вышли на первой остановке.

— Больница, — объявил шофер и резко затормозил.

Старушки засуетились. Вслед за Валентиной, Ниной и Риной вылезли две старухи и дед в телогрейке. Гуськом, друг за дружкой, по узкой тропке процессия дружно почапала к одинокому бледно-желтому двухэтажному зданию больницы.

— Успели, слава богу, — повторяла Валентина.

«Нервничает, — подумала Рина. — А вот я почему-то спокойна».

Обошли здание и вошли с черного хода.

— Здесь морг, — коротко бросила Валентина и сжала бледные губы.

У дверей стояли три мужика и четыре женщины в черных повязках.

— Наши, — прокомментировала Нина.

Мужики жали вдове руку, женщины шмыгали носами и неловко утешали:

— Отмучился, Валь, теперь ему хорошо.

Валентина хмурилась, ничего на соболезнования не отвечала, с тревогой смотрела на дверь морга, но войти не решалась.

Тут дверь открылась, и из нее выглянула молодая женщина в несвежем белом халате.

— Кто тут к Корсакову? — хмуро спросила она и, увидев оживившийся народ, добавила: — Ну и чего ждем?

Первыми, неловко толкаясь, прошли мужики. За ними подались женщины. Только Валентина не двигалась и все стояла в стороне, словно боясь войти. Нина взяла ее за руку и обернулась к Рине.

— И вправду, пойдем, — позвала она.

Это была маленькая, метров двенадцати, не больше, комната, украшенная пластиковыми, немного поблекшими цветами. Такие кладут на могилы. Вдоль стены стояли простые струганые деревянные скамейки. Посредине комнатки на четырех табуретках стоял узкий гроб, обтянутый красным сатином с черными бантами.

В гробу лежал Ринин отец.

На скольких похоронах ей приходилось присутствовать — не перечесть! Коллеги, родня, знакомые. Одноклассники. Да, уже и из их класса ушло два человека. Она бывала на разных похоронах — богатых и бедных. Повидала и разные ритуальные принадлежности, от обычных и привычных до дорогущих, эксклюзивных, рассчитанных на очень крутых и богатых. Да и поминки случались разные — и в маленьких квартирках, и в дорогих ресторанах — как говорится, по статусу. По Сеньке и шапка. Хотя кому это надо? Понятно — родне. Статус было принято соблюдать и здесь, в месте скорбном.

Но сейчас, в этой нищей поселковой больничке, почти за пятьсот верст от Москвы, в этой крошечной, убогой комнатушке местного морга в дешевом и пошлом гробу лежал ее отец. Ее папа, которого она когда-то очень любила. Нет, почему когда-то? Она любила его всегда. Просто с годами... Просто с годами перестала так остро, как в детстве, в нем нуждаться — и все! Собственно, как и все дети. А любовь ее не исчезла, никуда не делась. Просто отступила. Ну и обида осталась, увы. Взрослая девочка, а все туда же — обида.

Женщины, включая подружку Нину, приглушенно заголосили. Только Валентина, крепко сжав сухой, бледный, почти бесцветный рот, по-прежнему молчала. Глаза ее были безжизненными, пустыми. И смотрела она в глубь себя, в прошлую жизнь.

Прощальных речей не было — простой деревенский люд, с опаской и интересом поглядывая на столичную и уж точно важную птицу, дочь покойника, робел.

— Прощайтесь, — тихо подсказала сотрудница морга. — Пора.

Женщины разом, как по команде, замолчали. Мужчины, неловко мнущие в руках кепки, по одному стали подходить к гробу.

Слова прощания были скупыми и одинаковыми:

— Прощай, Андреич! Прощай, брат! Покойся с богом. Хорошим ты был человеком.

Валентина, словно окаменев, стояла чуть в отдалении, выпрямив спину и приподняв подбородок.

Рина посмотрела на нее и растерялась — все уже попрощались, мужики, опустив головы, со скорбными лицами, жались к стене, выкрашенной в темно-зеленый, назойливый, мрачный цвет. Женщины переглядывались и перешептывались и тоже, видимо, ждали от Валентины каких-то действий.

— Валь! — шепнула ей Нина. — Да отомри ты! Давай, подруга. — И она чуть подтолкнула ее вперед. — Пора.

Валентина вздрогнула, с удивлением посмотрела на Нину и шагнула к гробу, все так же молча, внимательно разглядывая застывшее мраморно-белое лицо мужа. Вглядывалась в него, как будто только сейчас, в эту минуту, начиная понимать, что видит его в последний раз. Казалось, ей хотелось запомнить навсегда эти минуты и его лицо, и руки, которые она осторожно, словно боясь разбудить его, потревожить, гладила, как мать гладит спящего ребенка. Она по-прежнему не проронила ни одной слезинки, только стала еще бледнее. И наконец разомкнула сжатые губы, наклонилась к нему и совсем неслышно, ему одному, что-то зашептала.

По комнате пронесся тихий вздох.

Краем уха Рина услышала, как одна из женщин тихо сказала другой:

— Ну, слава богу, отмерла. А то я уж думала рядом ее положим.

Валентина все шептала что-то, и вдруг ее губы слегка, еле заметно, дрогнули, и она улыбнулась. Она разговаривала с покойным мужем, по-прежнему гладила его по застывшему лицу и рукам, сложенным крест-накрест поверх голубого атласного покрывала.

Рина уловила ее последнюю фразу:

— Ну все, Санечка. Все, мой родной. Теперь до встречи. — Она выпрямилась и коротко глянула на Рину: — Теперь ты, Иришка. Давай прощайся с отцом. — И с такой же прямой и ровной, молодой спиной, сделала шаг назад.

Рина беспомощно оглянулась, словно ища поддержки и подошла к гробу.

Она смотрела на отца и не узнавала. Пять лет она не видела его. Не так уж много, но и не мало. Густые и темные волосы его заметно поредели и побелели. Поседели и брови — широкие, ровные. Лицо отца было изможденным, худым, с остро очерченными скулами. Но оно было спокойным. «Отмучился», — вспомнила она слова одной из соседок.

Рина погладила его по рукам и прошептала:

— Пока, пап. И прости меня. За все. Пожалуйста.

Она судорожно сглотнула вязкую слюну, наполнившую рот, и отошла к стене, холодной и гладкой, будто покрытой тонкой коркой льда.

Народ засуетился, снова загомонил, и мужчины, легко подняв гроб, понесли его к выходу. Гроб чуть дрогнул, качнулся и наклонился. Мужики испугано и коротко матернулись.

Нина прикрикнула на них, и, толкаясь, все наконец вышли на улицу. Напротив морга стоял старый ободранный «пазик», возле которого со скучающим видом нервно курил парень с загорелым лицом и невыносимо синими глазами.

— Чё так долго? — недовольно спросил он.

— Пашка! Да подмогни лучше, деятель! — прикрикнул на шофера один из мужиков, втаскивающих гроб в автобус. — Ишь, разговорился! Недоволен он, мать твою, «долго»!

Пашка, бросив на землю сигарету, беспрекословно послушался старшего.

— А чё, сказать нельзя? — обиженно пробурчал он.

На него посмотрели с презрением.

— А сам? Не дотумкал? В тюряге, что ли, мозги отбили?

Пашка покраснел, нахмурился и явно обиделся уже всерьез, но ничего не ответил и, крякнув, стал помогать.

Наконец, натужно скрипя, автобусик-катафалк с ревом тронулся с места.

Валентина сидела возле гроба и смотрела перед собой.

Женщины тихо заговорили, исподтишка поглядывая на Рину.

Та смотрела в окно.

Снова закрапал дождь, и потемнело без того мрачное небо, водитель Пашка матернулся:

— Опять развезёт! Проедем, мужики? — громко спросил он, ища поддержку.

— Проедем, не впервой, — коротко ответили ему.

По шоссе ехали минут двадцать и наконец свернули на просёлочную дорогу, разбитую и окончательно размокшую.

Пашка негромко, но зло матерился, а мужики с тревогой посматривали в окна.

— А Пашка-то прав, застрянем как пить дать! — наконец подал голос один из них.

— Неделю дожди поливали, ясное дело, не повезло, — поддержал другой

«Да уж, — подумала Рина. — Про везение в этой ситуации как-то не очень уместно». Теперь, припав к запотевшим окнам, замолчали и женщины — всем стало тревожно. Но с угрожающим рёвом автобусик как-то двигался, буксовал, попадая колесом в вязкую глину, отчаянно боролся с ней и всё же вырывался и, кряхтя и постанывая, плёлся дальше.

Валентина в разговорах не участвовала и беспокойства не проявляла — казалось, ей всё равно, она была не здесь и не с ними. Только вздрагивала, когда «пазик» резко подпрыгивал на ухабах и кочках, хмурила брови и придерживала крышку гроба.

Все это: эти люди, и раскисшая деревенская дорога, и убогий случайный катафалк, и чужая нелюдимая женщина, переживающая самое страшное горе, — никак не вязалось с Рининым отцом, красавцем и умницей. «Все чужое и непонятное, — думала она. — Хотя все правильно. И сам давно стал чужим».

Она отвыкла от него. Вот, наверное, поэтому у нее сейчас такое странное состояние — она еще не поняла, не осознала, что хоронит отца. Поэтому ей не так больно. Ей стыдно, неловко — но это так. Стыдно за то, что так и не смогла понять и принять его выбор, его новую жизнь. Что до конца не простила. Что отодвинула его от себя. Почему? Да так было легче, всегда легче отстраниться, чем понять и принять. Завтра она уедет и попрощается с этими людьми навсегда. Они живут в разных мирах. Они, эти люди, совсем неплохие! И даже, скорее всего, хорошие. Только у них с Риной слишком разные жизни.

Автобусик резко затормозил, фыркнул и резко остановился.

Мужики облегченно выдохнули — добрались с божьей помощью, не застряли. Женщины заворчали в адрес шофера:

— Эй, специалист! Не картошку везешь, людей!

Синеглазый Пашка обидчиво хмыкнул:

— Ага, довез вас, как в лучших домах, а вы, тетки?

Дождь усиливался, и народ тревожно поглядывал на темно-серое небо. Кряхтя и охая, выбирались из «пазика».

Рина подняла воротник куртки, поглубже натянула капюшон, поежилась, сунула озябшие руки в карманы и огляделась. Деревенское кладбище огорожено не было — да и зачем? Стояло оно на холмистой опушке густого темного леса, в отдалении от дороги и деревни, и вряд ли нашлись бы желающие прогуляться здесь вечерком. Все вокруг пестрело венками с выцветшими пластиковыми цветами, пожухлыми мокрыми красными и черными траурными лентами с расплывшимися золотыми и серебряными буквами.

Из деревянной сторожки вышел мужик в огромном ватнике и резиновых, по колено, сапогах — кажется, они назывались рыбацкими — и, зычно сплюнув, вразвалочку направился к ним.

Неспешно стрельнул папиросу у мужиков, обстоятельно закурил, что-то сказал и пошел обратно в сторожку.

Мужики оживились, подняли гроб и осторожно, стараясь обойти глубокие лужи и ухабы, понесли его к воротам.

Женщины засеменили следом.

Валентина шла под руку с Ниной, Рина за ними. Одна.

Кладбищенский сторож, он же могильщик, махнул траурной процессии — дескать, давай поспешай, и быстро пошел вперед.

Все двинулись за ним по узкой и мокрой тропинке. Шли осторожно, боясь поскользнуться на рыжей расквашенной глине. Тропинка петляла между могил, заброшенных и ухоженных, уходила вверх, по холму. Мужики недовольно бурчали и раздраженно поглядывали на сторожа.

Но вот они поднялись и увидели свежую, только что вырытую могилу.

Мужчины с облегчением опустили гроб на четыре крепких и широких чурбака. Оттирая пот и потирая затекшие руки, немедленно закурили. Женщины сгрудились отдельно и тут же зашептались.

Рина уловила, что обсуждают они «удачное и хорошее» место, повторяя, что отцу повезло.

Рина огляделась. Да, фраза эта выглядела неловко и даже смешно, но, если честно, место действительно было удачным: самая высокая точна погоста с прекрасным видом на лес и речку. Справа росли две сосны, ровные, прямые, с красноватыми стволами и высокой, густой, уходящей в небо, раскидистой голубоватой кроной. Слева — широченный дуб с почти опавшими листьями.

Сбоку, чуть в отдалении, высоченная старая рябина, густо усыпанная гроздьями спелых и алых ягод.

Все замолчали, прислушиваясь к тишине.

Неожиданно, громко и зычно каркнув, взлетела с рябины огромная пегая ворона, и все словно очнулись, вспомнили, зачем они здесь, в этом невозможно красивом и скорбном месте.

— Открывать будем, хозяйка? — хмуро спросил сторож, обращаясь к Валентине.

— Нет, — коротко отозвалась она. И тихо добавила: — Попрощались уже.

Мужик обрадованно заметил:

— Ну и правильно. Быстрее освободитесь и выпьете за упокой.

Сторож кинул мужикам конец веревки, и, подцепив гроб, они стали медленно и аккуратно опускать его в вырытую яму.

Потом все подошли к краю могилы, и сторож начал быстро и ловко орудовать лопатой. Через пару минут гроба было не видно.

Плюнув на красные, похожие на клешни ладони, сторож старательно, совсем по-хозяйски начал сооружать подобие холмика, любовно приглаживая землю боком лопаты в тяжелой, налипшей глине.

— Ложите венки, — коротко приказал он и закурил, облокотившись на черенок.

Мужики аккуратно и бережно устанавливали венки, женщины раскладывали нехитрые садовые букеты.

— Ну, закончили, что ли? — через некоторое время поинтересовался сторож.

Валентина укоризненно взглянула на него и принялась расправлять ленты на венках и поправлять цветы. Закончив, отошла на пару шагов и оглядела могилу.

— Идите, — не оборачиваясь сказала она. — Я догоню.

Народ с нескрываемым облегчением двинулся в путь.

Рина стояла в растерянности. Подойти к Валентине? Еще раз попрощаться с отцом? Или просто подождать ее и взять под руку?

Валентина еще раз поправила ленту на венке, обернулась, увидела Рину.

— Ну что? Как тебе место? Хорошее, правда? Молодец Толик — не обманул, хоть и пьянь конченая. Хорошо здесь будет Санечке. Спокойно.

Совсем рядом чирикнула птица. Рина подняла голову: серо-голубая красавица с перламутровым отливом на крыльях, склонив гладкую голову, внимательно разглядывала ее черными глазками-бусинками.

— Сойка, — улыбнулась Валентина.

«А место и вправду, хорошее, благостное, что ли? — подумала Рина. — Тихое, живописное. Спокойное. Глупость, конечно. Какая покойнику разница, где лежать? Наверное, здесь дело в родственниках — это им спокойнее, если место хорошее».

Перед глазами мелькнула картинка московских скорбных мест — города мертвецов. Могила на могиле, памятник на памятнике. Наползают друг на друга, теснятся, словно усопшие хотят спихнуть случайного, незнакомого соседа. Бесконечный гул от Кольцевой дороги, черные стаи вопящих, застилающих небо, ворон, совсем как в фильмах ужасов. От их злобных и яростных криков Рине всегда становилось не по себе.

А здесь — сойка! Синебокая, блестящая, неимоверная красотка сойка. И лес, и речка. И сосны с рябиной, и дуб. Валентина права — тишина и покой, благодать. И кстати, если задуматься... Нет, глупость, конечно! И все же... И она бы, может, хотела бы здесь найти последний покой. О господи, какие дурацкие мысли лезут в голову! Рано думать о вечном, рано. Подумаем еще о насущном.

В общем, еще поживем.

Они направились к выходу, и в эту минуту у Рины зазвонил телефон.

«Вот идиотка, — вздрогнула она. — Забыла отключить звук. Слава богу, не зазвонил раньше — вот бы позору и осуждения не обобралась». Она схватила телефон и глянула на экран — Эдик. Эдик, черт бы его побрал. Вот идиот! Ведь говорила — еду хоронить отца, не звонить и не беспокоить, только в самом крайнем случае!

Значит, крайний. Придется брать.

Она глянула на Валентину и нажала «Ответить».

Валентина понимающе кивнула и пошла вперед.

— Да! — раздраженно проговорила Рина. — Что еще там? Кораблекрушение?

На ходу дав распоряжения и разрулив ситуацию, вовсе не такую уж безнадежную, как оказалось, Рина, засунув трубку поглубже в карман, бросилась догонять Валентину.

Народ уже забрался в автобус. Женщины отряхивали мокрые косынки и просили шофера Пашку прибавить тепла. Тот отмахивался и бурчал, что печка совсем никуда. «Где я вам возьму тепло? Приедете и согреетесь», — намекал он на поминки и, как следствие, застолье.

Предвкушая, мужики заметно оживились и приободрились.

Рина уловила, что женщины спокойно обсуждают насущные дела — как доится корова, как несутся куры, жарко жаловались на мужей и свекровей, сетовали на детей — словом, облегченно выдохнув и откинув в сторону скорби, жизнь снова брала свое.

Только Валентина сидела одна и по-прежнему молча смотрела перед собой. Рина подошла к ней и села рядом.

— Не возражаете?

Та кивнула и показала за окно:

— Видишь, погода! Плачет вместе с нами, Санечку провожает.

«Пазик» дернулся и тронулся с места.

Проскочили колдобины и ухабы и благополучно съехали с проселочной на асфальт. Все облегченно выдохнули: не застряли, уже хорошо!

Рина смотрела в окно — там чуть-чуть просветлело, немного раздвинулись мрачные тучи и робко выглянуло белесое осеннее солнце. Природа оживала после дождя — освещенный солнцем пейзаж был прекрасен: густые темные хвойные леса, пожелтевшие поля, светлые березовые пролески. Зрелище это было волшебное, завораживающее.

До городка добрались быстро и, выбравшись из автобусика, неловко сгрудились у двери кафе, смущенно поглядывая на Валентину в ожидании приглашения.

— Проходите, — поклонилась она. — Помянем нашего Санечку.

Все встрепенулись и выстроились гуськом.

Здание кафе больше походило на заводскую столовую — унылое, вытянутое, одноэтажное, грязно-желтого цвета. Над дверью висела красная вывеска — «Кафе «У дороги». Хозяева, видно, недолго думали над названием — и вправду, у дороги. «На обочине, — скептически подумала Рина, — могу себе представить, что там внутри». Почему-то она почувствовала страшную неловкость, но тут же одернула себя: «Да при чем тут я! Можно подумать, что это я заказала это кафе, эту убогость на краю света. За что мне неловко? Скорее всего, эти люди не видели лучшего. Если только по телевизору».

У входа их встречала полноватая блондинка с высокой «башней» на голове.

«Ничего не изменилось, — подумала Рина. — Ни убранство деревенских домов, ни пергидрольный «вавилонский» начес хозяйки. Все из прошлого. Время здесь действительно замерло и остановилось».

Блондинка — как выяснилось, хозяйка кафе — обняла Валентину, и стало понятно, что они хорошо знакомы. После долгих объятий и громких всхлипов она торжественно и важно пригласила всех в «зал», довольно большой и просторный — на стенах, покрашенных в радостный розовый цвет, развешаны кашпо с традесканциями, подоконники украшены горшками с разноцветной геранью. На окнах кокетливые, как в будуаре, кружевные занавески и посредине, на желтом линолеуме, — красная с зеленой полосой ковровая дорожка.

«Ладно, — решила Рина. — И это переживем».

На сдвинутых столах, покрытых белоснежными, накрахмаленными скатертями, были расставлены приборы «типа хрусталь», как с усмешкой говорила Шурочка. Под простыми белыми тарелками лежали умело закрученные в розу льняные салфетки.

«Ого! Как в хорошем ресторане, — усмехнулась про себя Рина. — Но все остальное... Ладно, не буду снобом, подумаешь, цаца какая! Тарелки ей не те, фужеры. И давно ли вы, Рина Александровна, стали такой крутой?» Хотя, конечно, давно, ничего не скажешь.

Уселись за стол, и Рина оглядела расставленные закуски.

Ого! Домашние соленья, пирожки горкой, стопка блинов, жареная курица, порезанная на большие куски. Отварная картошка в глиняном горшке, из которого клубился парок и невозможно вкусно пахло укропом и чесноком. Она сглотнула слюну — а есть-то хочется. И снова укол совести: «Бесчувственная я стала. Совсем заледенела. Только что похоронила отца, а жрать хочу. Слез уже нет, зато аппетит присутствует. Стыдоба».

Все оживились и шустро стали наполнять тарелки и рюмки. А что удивительного? Живой человек хочет поесть и согреться — нормальный ход жизни.

Правда, все эти люди — чужие. А она, между прочим, родная дочь.

Подняли первую рюмку, за упокой души. Не чокаясь, выпили. И набросились на угощение. «Боже, как вкусно! — подумала Рина. — А я уж было подумала, что сейчас нас встретят заветревшиеся салаты с прокисшим майонезом, бутерброды с лежалой колбасой и ржавая селедка. Как я плохо думаю о людях, как меня, снобку, испортила жизнь».

Валентина к еде не притронулась — выпила рюмку водки, закусив ее куском соленого огурца. В разговорах не участвовала, и Рина видела, что это застолье ей в тягость.

После выпитого и съеденного все окончательно расслабились — мужики откинулись на стульях, женщины, уже не стесняясь, громко загомонили, официантка в белом переднике молча убирала посуду и накрывала чай. Ей помогала хозяйка с «вавилонской башней» на голове. Рина села рядом с Валентиной и взяла ее за руку.

— Домой, да?

Она еле заметно кивнула:

— Устала. Хочется лечь и побыть в тишине. Ты не обиделась? — вдруг испугалась она.

— Да о чем вы! Мне тоже, если по-честному, очень хочется лечь.

Бледное лицо Валентины болезненно скривилось.

— Да, понимаю, ты тоже устала. Даст бог, поспишь. А я знаю, что не усну. Совсем спать перестала.

— Уснете, — ободрила ее Рина, — вы так устали за все эти дни. За месяцы, — смущенно поправилась она. — Точно уснете. Кстати, у меня с собой хорошее снотворное — стопроцентная гарантия. А главное, утром никаких последствий.

Валентина кивнула в сторону гостей.

— Скорее бы чаю напились и разошлись, прости господи. А то сил совсем нет.

Но вот все закончилось, народ подходил к Валентине, мужчины, смущаясь, неловко жали ей руку, а женщины пытались обнять. Валентина кивала, как китайский болванчик, и на лице ее была нескрываемая мука.

Все разошлись, остались только Рина, Валентина и верная Нина. Антонина честно собирала оставшуюся еду и приговаривала:

— Курочка вот. Колбаска. Грибы, Валь, остались. Рыбка под маринадом.

— Оставь, Тонь! — махнула рукой Валентина. — Кому это всё? Мне точно не надо. А Ира... Ира завтра уедет. Ты Нинке отдай, — оживилась она. — Вот ее все подъедят!

Нинка покраснела, но возражать не стала.

— Не надо! — вдруг крикнула Рина. — Нельзя! — Она тут же смутилась своего громкого выкрика, однако продолжила: — Нельзя, понимаете! Ну, с поминок брать домой. Я это слышала, знаю. Нельзя.

Женщины растерянно переглядывались. Больше всех смутилась бедная Нина, уже было прихватившая в руки пару пакетов, и с испугом глянула на Валентину.

Та промолчала, и Нина поставила пакеты на стол. Было видно, что она очень расстроена.

«Вот дура я! — ругала себя Рина. — И чего влезла? Слышала она! Кстати, от кого?» Вспомнила: ее начальник Н. хоронил мать. Разумеется, место на Донском, да не в стене, а в земле. Ну и следом поминки в дорогущем «Турандот». Зачем? Глупость какая — поминки в золоченых барочных интерьерах. Вкус иногда подводил ее босса. Здесь-то зачем демонстрировать свои благосостояние и крутизну? Но он, видимо, уже ничего не мог с собой поделать — статус необходимо поддерживать. Столы, разумеется, ломились от деликатесов. Но был июль, на улице стояла немыслимая жара, народ был измучен и мечтал об одном — о прохладном душе в собственной квартире с кондиционером. Нет, конечно же, в самом ресторане было прохладно, но аппетита ни у кого не было. А вот запотевшие кувшины с холодным морсом и вазочки со льдом официанты таскали без перерыва. По окончании мероприятия Рина оглядела стол — он был почти нетронут. В мельхиоровых плошках лежала черная и красная икра, в рыбных блюдах — сочные куски осетрины и семги. Н. смотрел на стол и, кажется, раздумывал. Забирать с собой — дурной тон, над ним наверняка посмеются, а это было бы самое страшное. «Все-таки, — подумала тогда Рина, глядя на его растерянное лицо, — он так и остался закомплексованным мальчиком из коммунальной квартиры». Она продолжала с интересом наблюдать за ним. Он отвлекся от тяжких дум и оглянулся — гости почти разошлись, оставались только свои. И Н. наконец принял решение: сделал знак официанту — собирайте с собой! Те, ждавшие команды, тут же засуетились.

Но тут к нему подошла высокая и все еще очень красивая старуха в черном бархатном платье, видимо родственница. Старуха дотронулась до руки Н. и сказала:

— Нельзя, мой дорогой! — Она кивнула на официантов, собирающих закуски в контейнеры. — Нельзя ничего брать с поминального стола, — уверенно повторила она, сурово нахмурившись. — Примета плохая.

Н. дернулся, залился бордовой краской, словно его поймали на страшном преступлении, и с ненавистью посмотрел на старуху в бархате. Та все поняла, усмехнулась и, опираясь на палку, медленно и с достоинством пошла к выходу. У Н. дергался подбородок: унижение при коллегах для него было самым страшным. «Так тебе и надо, жлоб! — подумала Рина, наблюдавшая эту сцену. — Нигде не упустишь, и все тебе мало».

Антонина, хозяйка кафе, сняла возникшее напряжение:

— Мой вас отвезет. — Она и выглянула в окно. — Вон, подъехал уже, старый хрен! — И она счастливо разулыбалась.

На улице их и вправду ждала машина — синие «Жигули», разукрашенные молдингами и прочими «красивостями», включая аксессуары с иномарок. Смех, да и только. В машине важно восседал крупный седовласый мужчина. Прощаясь, Валентина горячо благодарила Антонину. Та смущенно отмахивалась:

— Да будет, Валь! Что б я да тебе не помогла? — И тут же всхлипнула: — Горе-то какое, а, Валь! И как же ты будешь теперь одна, без Сани-то, а?

«О господи! — вздохнула Рина. — Вот ведь правда — простота хуже воровства, это деревенское сочувствие. Бабья жалость — «как же ты будешь?» Ведь в самое сердце, как выстрелила. А кажется, хорошая баба. Да так, наверное, и есть. Только у них здесь все по-другому». И в сотый раз подумала: «И как ты здесь с ними, пап?»

Нет, конечно, здесь много хорошего. Люди попроще и, кажется, подобрее. И искренности в них больше, даже в этом дурацком проявлении сочувствия. Ведь все правда — как она, Валентина, будет без мужа? Деревенский быт сложный: огород, скотина, дом. Здесь трудно без хозяина, мужчины. К тому же что может быть страшнее потери близкого, дорогого и любимого человека? Детей у Валентины, кажется, нет. Заботиться о ней некому, и ей еще предстоят долгие и холодные одинокие вечера. «Впрочем, как и мне, — неожиданно подумала Рина. — Только меня это, кажется, не тяготит. Я привыкла жить одна. А вот Валентина нет. Да и возраст, и приближение старости. Подруга Нинка, и, кажется, всё. Больше у нее никого нет».

Вальяжный и молчаливый Михаил, Антонинин муж, молча довез их до Валентининого дома. На прощание высунулся из окна:

— Держись, Валюха! Все там будем.

Валентина ничего не ответила, обреченно махнула рукой и пошла в дом. Нинка и Рина потянулись за ней.

Хозяйка извинилась и пошла к себе.

— Полежу, — коротко бросила она. — Силы кончились.

Рина с Ниной стали пить чай. Домой Нина кажется, не торопилась. Честно говоря, Рине очень хотелось лечь, но было как-то неловко. Да и видела — Нине хочется поговорить. Ну и потек разговор. Нина рассказывала про свою жизнь:

— Муж выпивает. А кто не пьет? Работа то есть, то нет. Раньше механиком был в совхозе. И зарплату не задерживали, и пил меньше. Теперь перебивается — то кому-то огород вспашет, то по осени картошку копает. То на базар боровчика свезет — благо есть мотоцикл. С коляской! — гордо добавила она. — Но это от случая к случаю. Вот и стал поддавать. А что еще делать? Как работящему деревенскому мужику без работы? — И Нина горестно вздохнула. — Раньше народ на ферме работал. Большая была ферма, почти на тысячу голов. Молоко сдавали тоннами! И платили нормально.

— Вручную доили? — поинтересовалась Рина, чтобы как-то обозначить заинтересованность разговором.

— Нет, что ты! — Нина искренне удивилась Рининому вопросу. — Какой там вручную? Все механизировано было, везде аппараты стояли. Заводик был маленький — творог делали, сливки, сметану. Из города приезжали за нашей продукцией. Поля были — рожь, пшеница, овес. Лен выращивали, иностранцы его покупали. Свиноферма. А сейчас? Да ну их! — И Нина махнула рукой. — Все развалили, а нового не построили! Бабы начали поддавать, что про мужиков говорить? Кто помоложе, конечно, в Москву. А нам уж здесь доживать. Да и кому мы там, у вас, нужны? Верно? А санаторий? Мне повезло, я там трудилась. И платили хорошо, ну и все остальное. А теперь и санатория нет. И стало быть, рабочих мест. Наши-то бабы счастливы были — кто на кухне, кто в прачечной, а кто в уборщицах. Золотое было время, — вздохнула Нина, — сытое. Санаторий то был на всю страну известный, после того как в пятидесятых здесь целебные источники обнаружили. Заботились тогда о народе, не то что сейчас. Путевки давали, оздоравливали. Ну и нам, местным, было отлично. Со всего Союза люди к нам ехали, водичку нашу попить. Вот и отец твой, Саня, водички попил и счастье нашел.

Рина усмехнулась: «Да, все та же простота. А ведь видно, что баба хорошая. Ничего в эти слова не вкладывает — никакой вредности. Мол, порадуйся за отца — счастье нашел!»

— Вальку жалко, — продолжала Нина. — Как она теперь без Сани своего? Ведь никого у нее! Ни-ко-го.

Рина молчала.

— Хорошо они жили, ты не думай.

— А я и не думаю.

— Хорошо, — повторила Нина, — не ругались совсем. Не то что я со своим. Не пил Саня. Да и вообще — городской! Интеллигенция, значит, другой человек. Культурный. Повезло Вальке, что говорить.

Рина снова кивнула. Да, повезло — с этим не поспоришь. Характер у отца был ровный, спокойный. Капризным он не был, занудным тоже. Мог приготовить обед, убраться в квартире. Гладил Рине школьную форму. Шурочка отмахивалась: «Да ну! Утюг ненавижу и в руки не возьму!»

— Все уважали Саню, — добавила Нина. — А чего не уважать-то? Хороший ведь был человек! Вредности в нем не было, чванства — типа я образованный, а вы все деревня! А с Валькой прям как голуби ворковали, — сказала Нина и с испугом глянула на собеседницу. — Ой! Прости меня, Ир! Тебе ж это, наверное, неприятно.

Рина выдавила улыбку:

— Да нет, ерунда. Отец ушел от нас сто лет назад. И я давно взрослая женщина. Все понимаю — по-разному в жизни бывает. Тогда, конечно, я его осуждала. А потом... потом успокоилась, и у меня началась своя жизнь. Ну как-то так. — И поспешно добавила: — Да мне только радоваться, что у отца все сложилось, вы совершенно правы!

Нина посмотрела на нее с сомнением и недоверием, но ничего не сказала.

Потом перешла на Антонину, хозяйку кафе. Оказалось, что все они одноклассницы, росли вместе, в соседних дворах.

— Вообще Антонина хороший человек, но работа ее испортила. Жучкой стала наша Тонька, чего уж там. Живут они хорошо — и в городе у них квартира, и в столице купили! Но по большей части живут здесь, в деревне. Отстроились будь здоров — хоромы такие отгрохали! А что, все понятно. С такой работы — только вперед ногами! И продукты, и все остальное. Ну, ты понимаешь! — И Нина заговорщицки посмотрела на Рину.

Та снова послушно кивнула и подавила зевок.

— Всегда торговля и кухня хорошо жили, — добавила Нина, — что при советской власти, что при нынешней. Мамка мне говорила, иди в торговый или кулинарный, всегда будешь сытая! А я, дура, не слушала. Готовить никогда не любила — ну какой из меня повар? А в торговый... — Нина, как девчонка, прыснула в кулак. — Так я считать не умею! Два плюс два не сложу! Сразу прогорю и в неустойку влипну — да меня к торговле на километр нельзя подпускать! Это Тонька у нас всегда по арифметике первая была. Так и звали ее — Лобачевский!

Рина улыбнулась. «Да, все так. Простые и бесхитростные люди. Никаких выкрутасов — все как есть. Но все это не делает нас ближе, увы... Потому, что испорчена я! Я, а не они отвыкла от искренности. От искренности отвыкла, а с иронией, сарказмом, снобистским презрением почти срослась. К понтам привыкла — дешевым и дорогим. К выкрутасам, к желанию казаться лучше, чем есть. К страстной тяге к лучшему, более престижному. К зависти, к ложным комплиментам. К сплетням и склокам, прикрытым слащавой улыбкой, к шипению в спину, к подставам, к предательству».

Бизнес и жесткая конкуренция все это предполагали. Она все про это знала и почти не реагировала — шкура давно продубилась. И живет так много лет, практически всю сознательную жизнь. И, как сейчас говорят, не парится.

Рину клонило в сон. Слава богу, до Нины дошло.

— Ой, совсем я тебя заговорила! Все, я ушла, а ты иди спать. За Валентину не беспокойся — неделю не спала, будет спать как убитая. А ты с утра на вокзал?

— Да, встану — и вперед. Дела.

Распрощались, и Рина ушла к себе, в горницу. Упала в мягкую перину и в блаженстве закрыла глаза.

«Как же хорошо, господи. Такая тишина. Как хорошо и спокойно.

Папа... Прости меня, а?»

Глянула на экран телефона и, увидев двенадцать пропущенных вызовов, недовольно фыркнула: «Как же достали!» Засунула телефон поглубже в сумку и тут же уснула.

Проснулась оттого, что ей было зябко. Дотронулась до гладкого кафеля печки — та была еле теплая. Выходит, утром Валентина не подтапливала. Неужто она еще спит? И дай бог.

Все понятно: напряжение последних месяцев, похороны, поминки, пусть приходит в себя. Но почему же так холодно и знобко? Ведь на улице совсем не холодно. Рина укуталась в одеяло, но озноб не прекращался. Чуть согрелась и снова уснула, но вскоре проснулась от сильного кашля и увидела, что Валентина стоит у кровати и тревожно вглядывается в ее лицо.

— Да ты заболела, Иришка! — всплеснула она руками. — Красная вся, горишь как в огне! И кашляла сильно. Хрипишь-то как, господи! Это я, все я, — скорбно причитала она, плюхнувшись на табуретку. — Нельзя было пускать тебя в твоей куртяшке! Вот и продуло тебя. Погода-то вчера была — господи не приведи! Небо плакало по нашему Санечке. Да что я хнычу, господи! — засуетилась она. — Тебя ж лечить надо!

Рина попробовала отмахнуться:

— Да ничего, сейчас что-нибудь выпью, в сумке всегда анальгин какой-нибудь или аспирин валяется. Чаю попью и поеду. Только надо вызвать машину. А может быть, Михаил согласится? Ну, дядька этот, муж Антонины? Я хорошо заплачу! Ну или Пашка ваш, шофер. Хотя, конечно, лучше кто-нибудь другой. Мне в Москву очень надо, — жалобно, как ребенок, всхлипнула она. — Позарез надо, живой или мертвой У меня важное совещание.

Валентина охнула:

— Какой аспирин, какой Михаил? В Москву ей надо! Горит вся — и в Москву! Ты что, девка? Куда я тебя отпущу? Я что, убийца? Нет, не пойдет! Никакого аспирина, никакого Михаила, никакого Пашки и никакой Москвы! — твердо сказала она. — Здесь будешь. Пока не поправишься.

— Да вы что! — От возмущения Рина привстала на локте и тут же закашлялась. — Что значит «пока не поправишься»? Вы что? Да у меня совещание завтра! У шефа, понимаете? Я защищаю серьезный проект! Знаете, сколько сил вложено, чтобы его получить? И я там обязана быть! Это не обсуждается. Как-нибудь доберусь, не впервой. — Она откинулась на подушку и снова закашлялась.

— Ничего, — сурово отозвалась Валентина. — Мир не рухнет, и Москва твоя не обвалится, работа не убежит, и проект тоже. И шеф твой не помрет. Он-то жив-здоров в отличие от тебя! Все, лежи себе и лежи. Сейчас лечить тебя стану. А потом спи сколько влезет.

Валентина вышла из горницы, а Рина от бессилия разревелась, уткнувшись носом в подушку, как маленькая девочка. Несокрушимая скала Рина Александровна Корсакова. Леди-босс, от самого вида которой подчиненные вставали по стойке, а коллеги даже не решались вступать в спор.

Вот надо же было так влипнуть — заболеть здесь и сейчас! В этой глуши, где и врачей-то нет. В этой дурацкой избе с печным отоплением, с этим сортиром за занавесочкой. Со всем этим, чужим и далеким, как планета Нибиру.

«Нет, так не пойдет, — твердо решила она. — Все равно уеду! В свою квартиру, на свою кровать, в свою теплую ванную. Туда, где врачи и лекарства. Секретарша Наташа тут же примчится с частным врачом, сбегает в аптеку и в магазин. А я приму лучшие, последнего поколения, антибиотики и завтра буду в строю. Все, решено, — главное, добраться до дома. И если этот дурацкий, похожий на местного царька, Михаил или синеглазый наглец и сиделец Пашка меня не отвезут на вокзал, значит, вызову из Москвы Эдика. Ничего, часов за шесть доедет, не маленький. За что-то же я плачу ему бешеные деньги?»

Тут же представила, как Эдик начнет ныть и канючить: «Какая деревня, Рина Александровна, вы о чем? Да и дел завтра: совещание, сдача проекта. Вы что, забыли?»

Но делать нечего. Позвонила.

Какое же гадство — у Эдика сломалась машина. Починят к завтрашнему утру, не раньше. Услышав ее кашель, заверещал:

— Какой поезд, Рина Александровна? Какое совещание? Вы что, хотите вслед за своим, извиняюсь, папашей? Нет, никакого водителя я искать точно не буду, я не убийца. Болейте себе на здоровье! А я как-нибудь отобьюсь. Да не волнуйтесь вы — отобьюсь, не впервой! Да и за проект я уверен, все будет нормально, — с гордостью повторил он. — А вы позвоните шефу и все объясните. Вы же старые друзья, так сказать. — Эдик противненько хмыкнул. — Ну в смысле старые знакомые.

Идиот! «Вслед за папашей», «болейте на здоровье», «старые друзья», ага. У Н. нет друзей — ни старых, ни новых. Они ему не нужны. Да, милый Эдичка неповторим. Ни такта, ни воспитания — интересно, чем занимались его родители? Но, кажется, этот дурак все же прав — надо звонить шефу. Боже, как же не хочется!

Выдохнув, Рина набрала номер Н. Он не ответил — ответила секретарша. Эту Виолетту Вадимовну, зрелую даму с повадками сторожевой овчарки, побаивалась даже Рина.

— Заболели? — делано удивилась та. — И чем, интересно?

Рина хотела было возмутиться: «А что, не имею права? Я много болела за последние пятнадцать лет?» Но в эту минуту на нее напал дикий, лающий кашель.

— Да слышу, слышу! — с раздражением отозвалась Виолетта и все еще с недоверием добавила: — И где же это вас так?

Рина ответила коротко:

— На похоронах отца и, увы, далеко от Москвы.

— Лечитесь, — милостиво разрешила Виолетта. — Н. я все передам.

«Ну спасибо, разрешила», — облегченно выдохнула Рина и откинулась на подушку.

Зашла Валентина, держа две дымящиеся чашки.

— Трава и молоко, — сурово сказала она и присела на край табуретки.

Рина приподнялась на подушках и поморщилась:

— Господи, ну и запах! Представляю, что за вкус! Но послушно отпила из первой чашки.

— Какая же гадость! — скривилась она. — Что это, боже? Стрихнин?

— Пей, — усмехнулась Валентина. — Стрихнин! Ты скажи еще аконит!

— Аконит? — переспросила Рина, сделав еще глоток. — А что это?

— Яд, — усмехнулась Валентина. — Не слыхала? Цветок такой, в каждом палисаде растет. Высокий, синий, красивый. Его еще туфелькой зовут или борцом. С виду совсем безобидный. А на самом деле — не дай бог! В соседней деревне, в Сулкове, случай был — жена мужа потравила. Нет, ее можно понять — сволочью тот муж был законченной. И ее лупил, и мамашу ее. Из дома тащил все, что мог. Дети голодали, репу мороженую с огорода ели, птиц в лесу ловили, грибы по осени собирали. Рябину жевали, господи! Горечь такую. Ну и не выдержала — траванула его. Подох, как пес. — Вспоминая, Валентина покачала головой. — Участковый у нас был хороший, Андрюшка Рогов. Душевный человек, справедливый. Спас он ее, эту бабу. Начальству правды не доложил. И фельдшерица, Надька Васькина, его поддержала — справку выдала, что мол, допился, скотина, туда ему и дорога. Пожалели бабу эту несчастную — она совсем высохла, в скелет превратилась, как зомби ходила. И никто ее не заложил, никто! Все знали, а не заложили! Такое ведь редко бывает. Хоть один гад, а найдется. А тут нет, обошлось.

— И что? — спросила заинтересованная Рина. — Чем дело кончилось?

Валентина удивилась:

— Как чем? Да ничем. Баба эта с детьми зажила по-человечески. Работала на ферме, молоко оттуда брала, и тоже все молчали. Понимали, что дети. Откормить их надо, совсем доходны́е были — ноги не держали. Две девчонки и пацан, младшенький. Ничего, оклемались. Огород, кур завели. Ну и как-то выжили, одним словом.

— Дичь какая, — пробормотала Рина. — В двадцать первом веке! Птиц ловили, рябину жевали. С ног от голода валились. Как такое может быть в наше время?

Валентина усмехнулась:

— Да запросто! Это у вас там, в Москве, двадцать первый век. А тут как было пятьдесят лет назад, так и осталось. Не все, конечно. Но многое.

Они помолчали. Но Валентина встрепенулась:

— Пей-ка! — И кивнула на чашку: — Зубы мне не заговаривай!

Рина скорчилась и попыталась отпить. Горько было невыносимо. Валентина с усмешкой покачала головой:

— Да будет тебе! Не горьше водки. В деревнях всегда этим лечились, лекарств-то не было. Еще бабуленька моя травы сушила. Ну и меня кой-чему научила.

Рина, морщась, осторожно допила чашку до дна.

— Жар спадет, — пообещала Валентина, — разотру тебя на ночь и еще заварю. А пока молоко выпей. С медом.

Это было, конечно, попроще. Хотя ни молоко, ни мед Рина терпеть не могла. Но делать нечего — надо лечиться и поскорее выбираться отсюда. Жизнь научила не только стойкости и выживанию. Жизнь научила еще принимать обстоятельства такими, как они есть.

Весь день спала. Снились кошмары: заваренный в чашке аконит, раствор густо-синего, чернильного, цвета, и женщина, похожая на страшную тень, которая пыталась напоить ее этим раствором. Рина отказывалась, отталкивала ее, мотала головой, но сил было так мало, что в какой-то момент решила: «Да черт с ней! Мне с ней не справиться. Выпью — и все. Ну и уйду вслед за папой». Но в ту же минуту встрепенулась, собрала последние силы и оттолкнула женщину-тень. «Я — и сдамся без боя? Ага, не дождетесь!» Но несколько капель все же попало ей на грудь. И в месте, где промокла рубашка, начало невыносимо жечь кожу, словно к ней приложили раскаленный железный прут. Она со стоном проснулась и ощупала шею и грудь. Господи, какой же бред!

233

Вошла Валентина, вытерла ей пот со лба и груди, напоила чем-то кислым — оказалось, что давленой клюквой с водой, заставила переодеть мокрую, как будто не отжатую после стирки майку и дала ей сухое — свою ночную рубашку, мягкую, фланелевую, уютную, пахнувшую земляничным мылом. Потом натянула на ноги шерстяные носки, а Рина, как ребенок, закапризничала и заныла:

— Ой, колется!

Валентина только посмеивалась и снова поила ее вонючей травой, радуясь тому, как хорошо она пропотела.

И вправду, к ночи жар почти прошел и кашель стал чуть мягче, совсем чуть-чуть, но все же не так болели грудь и мышцы, стало чуть легче, и она уснула.

Ночью захотелось в туалет, но Рина лежала и терпела, потому что страшно было представить, что придется надевать чуни и пальто, переться в предбанник, в сени, в холодный и, мягко говоря, не самый благоухающий туалет. Она со вздохом села на кровати и включила зеленый ночник. Под стулом стоял ночной горшок. Да-да, настоящий эмалированный синий горшок, с круглой ручкой и крышкой, такой, как был у нее в детстве. Она даже улыбнулась.

Валентина позаботилась о ней, понимая, что их туалет, привычный для сельского жителя, не совсем подходит московской гостье.

«Забота, — подумала Рина. — Кто заботился обо мне в последнее время? Никто. Мама? Мама давно далеко. Да и не до заботы ей, у нее давно своя жизнь. Мусеньки давно нет на свете. В детстве меня любили мама, Мусенька, отец. Наверное, и хмурая бабушка Ирина Ивановна тоже как умела. А в зрелости? Получалось, что только отец. Да, пожалуй. Именно он, отец, заботился обо мне. Или, по крайней мере, был единственным, кого волновала моя жизнь».

От жалости к себе она едва не расплакалась, но тут же ей стало смешно: ох, видели бы ее сейчас коллеги и подчиненные. Рина Александровна, железная Рина. Дама, приятная во всех отношениях — ухоженная, утонченная, одетая в брендовые шмотки, в кольцах от «Шопард» и «Гарри Уинстона». С гладкой, почти без морщин, кожей — а как же, положение обязывает, все новинки косметологии испытаны. С хорошей фигурой — иначе никак. Разумеется, на каблуках. Владелица дорогой машины и престижной квартиры на Кутузовском. Рина Александровна Корсакова, женщина строгая, но приятная, сидит в обрезанных валенках, в чужой ночной рубахе, с грязными, спутанными от пота волосами и радуется ночному горшку! Многие бы отдали все, чтобы сейчас на нее посмотреть.

Утром она с удивлением обнаружила, что лоб у нее холодный, а руки и ноги теплые, нос, правда, еще заложен, а вот кашель стал реже и определенно мягче. Чудеса.

Нет, правда — как это? Без лекарств и антибиотиков? И такое бывает? Нет, конечно же, она слышала про народную медицину, про гомеопатию, травки, пиявки и все такое. Про то, что сейчас это все возрождается и даже становится модным. Люди наконец поняли, что такое химия и как это вредно. Но, честно говоря, Рина в это не верила. Она верила в науку, в инновации и технический прогресс. И чтобы так, на личном примере, убедиться в обратном? Она почувствовала, что страшно хочет есть — так, что свело скулы и рот наполнился вязкой слюной. И тут, как по мановению волшебной палочки, вошла Валентина, держа перед собой деревянный поднос: чашка бульона с яйцом, два куска хлеба — с маслом и медом — и стакан теплого молока.

Рина набросилась на все это роскошество, позабыв, что хлеб с маслом она не ест лет десять, а молоко и мед ненавидит.

Валентина смотрела на нее внимательно, разглядывала пристально, изучала.

— Видок, да? — поймала ее взгляд Рина. — Понимаю, чудовище.

Валентина медленно покачала головой:

— Нет, Ир. Это тут ни при чем. Просто... просто ты так на Саню похожа. Смотрю на тебя и словно с ним разговариваю. — Она смахнула слезу и отвернулась. — А уедешь — только карточки и останутся. Три всего. Фотографироваться он не любил.

Рина аккуратно поставила чашку на поднос.

— Знаю, что мы похожи. Все говорили. Спасибо вам, Валентина. Вот, вылечили! Не знаю, что бы было, если бы я не послушала вас, уехала бы в Москву. Спасибо, что остановили. Нет, правда.

Валентина улыбнулась.

— Это тебе, Иришка, спасибо. Я хоть немного отвлекалась от своей беды. Когда о ком-то заботишься, думаешь о ком-то, переживаешь за чью-то жизнь, боль отступает, отползает, как собака к порогу. А уедешь — снова останусь одна. Так что это тебе спасибо.

— Что заболела? — улыбнулась Рина.

— Что осталась. — И она молча собрала посуду и вышла из горницы.

Рина удивленно смотрела ей вслед. Здесь совсем другая жизнь, во всем другая: более искренняя, честная, нет ненужных кривляний и лишних, фальшивых слов. Может, это и привлекло когда-то ее отца?

Рина накинула пальто, вышла на крыльцо и обомлела — погода была роскошной. На ясном, синем, совершенно прозрачном небе, на горизонте, за речкой, осторожно и медленно опускалось предзакатное малиновое солнце. Прозрачный, осязаемый воздух дрожал. Оглушительно пахло подвядшей травой и осенними увядающими цветами. Астрами? А бог его знает. Но запахи были дивными, успокаивающими, расслабляющими, нежными. Пахло чем-то еще — теплой землей, молоком, осенним садом. Пахло покоем, который был разлит в воздухе и казался неисчерпаемым, незыблемым, вечным и нерушимым.

Было так тихо, что звенело в ушах. Только где-то вдалеке, неназойливо и размеренно куковала кукушка. И где-то совсем близко, похоже, что из соседнего двора, несколько раз промычала корова. И снова наступила звенящая тишина.

Обомлевшая и растерянная, Рина опустилась на теплую деревянную ступеньку и замерла от восторга.

Тихая улица загогулиной уходила к оврагу, за которым сразу начинался лес, подкрашенный заходящим солнцем, которое словно зацепилось за темные верхушки деревьев.

Рина смотрела на медленно темнеющее небо, на гаснущее солнце, на пустую, покрытую мягкой и мелкой пылью дорогу. Она смотрела на сад, на яблони, склонившие к земле старые, заскорузлые, тяжелые ветви, на которых еще оставались неснятые яблоки — желто-бурые, перезрелые, с темно-янтарной кожей.

Из сада пахло раздавленной антоновкой, упавшей от тяжести и спелости.

Скрипнула дверь, и Рина вздрогнула. За ее спиной стояла Валентина. Она накинула ей на плечи тяжелую вязаную шаль.

— Замерзла поди?

Рина поежилась и улыбнулась:

— Наверное. Только не почувствовала — так увлеклась пейзажем.

Валентина уселась рядом.

— Да уж, пейзаж здесь необыкновенный. Ничего не скажешь — красота.

И Валентина вздохнула.

— Вы никогда не хотели отсюда уехать? — спросила Рина. — В город, например.

Валентина с изумлением посмотрела не нее.

— Уехать? — переспросила она. — В город? Нет, никогда! Поверишь — ни разу похожего в голову не приходило. И когда в город ездила, не знала, как сюда поскорее вернуться, домой. В городе я шалела: народ, машины. А запахи? Голова начинала болеть и кружиться. Думала, вот бедные горожане. И как они тут? Бледные, нервные, издерганные. Вечно спешат. Ох, не завидовала я им. А приезжала, сходила с автобуса и выдыхала: мое! Как заново родилась. Автобус тогда в Петрово останавливался, сюда не доходил. А от Петрово до нас восемь верст, через поле. Шла я по полю — что зимой, что летом — и думала об одном: счастье, что я здесь родилась и выросла. И самое большое счастье — что никуда, как многие, не подалась. Нет, легко здесь никогда не было. — Она задумалась. — Не было, да. Ни тебе удобств, ни тебе чего. А тогда еще и продуктов не было, помнишь? За хлебом в Петрово ходили. А уж за всем остальным... — Она махнула рукой. — Да разве в этом дело? Дело в том, что каждому на земле свое место. Мое — здесь. И знаешь, в чем еще счастье?

Рина качнула головой и усмехнулась:

— Если бы знать!

Валентина улыбнулась:

— Счастье в том, что я в этом ни разу не засомневалась, в том, что это *мое* место и двигаться мне отсюда некуда и нé к чему.

— Ну, у всех по-разному, — сказала Рина. — Ведь кто-то уехал отсюда и не пожалел. Такое же тоже бывает?

— Бывает. Но я отвечать могу за себя, про других не знаю, не спрашивала. Да и разве кто правду скажет? Кто признает, что сделал неправильно?

Рина пожала плечом:

— Наверное. Человеку трудно признаваться в своих ошибках. Но самое трудное — признаться себе. И знаешь, что самое страшное? Жить с ощущением «как же мне все надоело!».

Рина не нашлась, что ответить. Но, кажется, согласилась. Долго молчали. Становилось зябко — день был отличный, не по-осеннему теплый, но все-таки середина октября — вечера прохладные.

— Да, — задумчиво повторила Валентина, — здесь, в селе, никогда просто не было. Работа тяжелая, физическая. Хочешь не хочешь, а делай, иначе не выживешь. Скотину накорми, огород прополи. Сена на зиму заготовь, дрова и прочее. И никто тебе, если что, больничный не выпишет. Болеешь, а вставай и делай, иначе каюк. Но как выйдешь на крыльцо, все равно когда — зимой, летом, весной, осенью, — как взглядом обведешь все это, так сразу все отпускает, веришь? Зимой белое все вокруг, аж зажмуриваешься в первые секунды — так ослепляет. Снег блестит, такой чистый, что в голубизну, как осколки, переливается. Зимой на лыжи — и в лес. Лес темный, суровый. Но ты его не боишься, знаешь его как свои пять пальцев. Бежишь на лыжицах, аж пот по спине. А возвращаешься в теплую избу. Сбросишь все с себя — и за стол. А там бабулины блины или пирожки да чай на травах. И тепло. Завалишься на печку — и в сон!

Весной все оживает, распускается и зацветает, рождается заново. Ну и ты вместе с ней, с природой. Черемуха сначала, потом сирень. Ну а потом все остальное — сады зацветают, чубушник, шиповник. Сядешь вечером на это крыльцо и тянешь носом — ох, красота! Местная парфюмерная фабрика. А осенью листва разноцветная — от бледно-желтого до темно-багрового, вроде пестрота, а глазу не больно, совсем не рябит — наоборот, успокаивает. Знаешь, как дед мой октябрь называл? — Она улыбнулась. — Брусвяный. Старое слово, древнее.

А осенью грибы. Мы с Санечкой это любили. Встанешь в пять утра — и вперед.

Ну летом здесь вообще чудеса, аж сердце останавливается — лес, поле, река. И снова запахи — сладкие, горьковатые. В лесу припекает и пахнет иголками, хвоей, а на припеке земляникой, малиной. И цветы полевые: васильки, ромашки, мышиный горошек, кипрей, донник, зверобой. Синие, желтые, белые, розовые. Девчонками мы венки плели. Ну и гадали на суженого. Птицы весной с пяти утра распеваются — проснешься, лежишь и гадаешь: синичка, пеночка, горихвостка? А вечером соловушка заведет, да как! Сердце от счастья останавливается. А ночью тишина такая, что в ушах звенит. Лежишь до рассвета и слушаешь. А утром, до завтрака, как только проснешься, — на речку. Речка мелкая, за ночь вода не остыла. Песочек на дне шелковый, нога утопает. Плюхнешься в воду — и счастье! Выскочишь, бухнешься на песок — и снова счастье! Проголодаешься — и домой, а там уже молоко теплое, только из-под коровки, хлеб с медом. Такое у меня детство было счастливое.

«Все правильно, — думала Рина. — Она, конечно, права. Красота, тишина и покой. Наверняка пробудешь тут пару недель, и скрюченные в тугой жгут нервы городского жителя, измотанного всеми прелестями суматошной жизни, придут в норму. Но пару недель, не больше, вполне хватит пары недель, а то и недели. Вряд ли я выдержала бы больше».

— Знаю, что отец тебя звал, — тихо сказала Валентина.

— Звал.

— Мечтал, чтобы ты сюда, к нам, хотя бы на каникулы или в отпуск приехала. Хотел тебе все показать, побродить по лесу. Он вообще лес обожал — уходил на рассвете, возвращался к обеду. Шатался от усталости, но был счастлив. Сад любил. Огород — нет, не любил, в огороде я хозяйничала. А он в саду. Подрезал, опылял, скрещивал. Я все смеялась: Мичурин! Сливы знаешь какие были? Не поверишь — с кулак. Вечерами мы тут с ним сидели, на крыльце. Молчали. На закат смотрели. Посидим минут сорок — и домой. И тоже молчим. Ты же знаешь — он попросту слова не тратил. Но мы и так друг друга понимали, без слов. Нам с ним и молчать было хорошо. — Она испуганно глянула на Рину: — Тебе не обидно?

— Мне? — удивилась Рина. — Да что вы! Я рада, что у вас с отцом все сложилось. — И, помолчав, тихо добавила: — Кажется, он был тут, с вами, действительно счастлив, а это главное. Не всем так повезло. Надо же еще и решиться изменить свою жизнь, решиться и найти на это силы.

Валентина встрепенулась:

— Давай-ка домой. После болезни, не дай бог, снова прихватит! Вечера-то прохладные, осень. Поднимайся, идем греться да чай пить. Совсем я тебя заболтала!

Рина послушно поднялась со ступеньки.

Валентина ловко и быстро накрыла стол: сушки, печенье, варенье из клюквы. Клюква была крупной и неразваренной — целые, упругие, плотные ягоды. Такой вкуснотищи Рина, кажется, еще никогда не ела.

— Готовить я не особо люблю, — призналась Валентина. — Да и некогда все время было — работа, дом и хозяйство. Просто у нас было — Санечка наварит щей на неделю, мы и едим. Или блинов напечет. Или картошки нажарит. Говорил — в городе у него от всего брюхо болело. А здесь хоть жареная картошка с салом, хоть грибы — и ничего. Знаешь, что я скажу? От нервов он заболел. Переживал очень. За страну переживал, за деревню. Как же так можно, говорил, все загубить и порушить? Совхоз, санаторий. Говорил, деревня и крестьяне — основа нормальной и сытой жизни. А деревни почти нет. Да что там, исчезла деревня! Загубили ее. И крестьянство тоже. А как без этого страну поднимать?

Да и все остальное... Заводы, фабрики. Ничего нет, одна спекуляция. А страну нашу он очень любил и страдал за нее. И за народ наш переживал, мучился. Говорил: «Такие богатства! Нигде

245

такого нет. А живет народ плохо». — Валентина смутилась и опустила глаза: — Все я не о том, да, Ириш? Голову тебе морочу воспоминаниями. А тебе ведь ни до чего, верно? Переживаешь из-за работы? Да и воспоминания мои дурацкие тебе ни к чему.

— Нет, Валентина, — горячо возразила Рина. — Вы, пожалуйста, говорите! Ведь я ничего не знала об этой его жизни. Точнее, не хотела о ней знать. Расскажите все с самого начала. Если можно, конечно.

Валентина задумалась:

— Да что там рассказывать? Я тогда сестрой-хозяйкой в Невенском работала, в санатории. Там и познакомились. У нас в Петрово дед жил, знахарь. Древний, уже тогда ему под девяносто было, а может, и больше. Ну и лечил он народ. Саня мне тогда про язву свою рассказал: так мол, и так, мучается страшно, есть ничего не может, сохнет — особенно по осени и по весне, обострения. Я его к деду этому тогда и отвела. Тот посмотрел, пощупал, дал какие-то травки и о чем-то с ним поговорил.

Я ничего не спрашивала — кто я ему? Случайный человек, сколько таких в жизни? Он мне потом рассказал, что дед ему сказал, мол, живешь неправильно и не там. Плохо тебе в городе, не твое это. Из-за работы переживаешь, с женщиной мучаешься. Неспокойно тебе, вот и болеешь от этого. И ничего тебе не поможет, пока сам себе не признаешься, как надо жить.

Ну вот и все. Я тогда ничего ему не ответила. В ту ночь он остался здесь. В санаторий идти было поздно. Постелила ему в горнице. Не знаю, спал ли он, я-то не спала. Утром за завтраком он молчал, ни слова. А потом поблагодарил меня и ушел. Спешил в санаторий, дескать, хватятся. Ну и распрощались мы с ним. Я думала, что навсегда.

Сначала думала о нем, вспоминала часто. Потом все реже, а скоро и вовсе позабыла. А через пять месяцев он нарисовался. Я в огороде была. Грязная, зачуханная, в земле, в халате синем и в сапогах батиных кирзовых.

Стоит бледный, серьезный и пытается улыбнуться: «Валентина Петровна, комнату не сдадите? Квартирант вам не нужен?» Я замерла, растерялась. Что тут ответить? Вроде, говорю, никогда не сдавала. А потом нашлась: «Да так живите сколько надо! Вы, поди, в отпуск к нам, по грибы?» Август был теплый, дождливый. Грибов море — брали только боровики. А он мне: «Нет, не по грибы. И не в отпуск — я насовсем. Уехал я из города, Валентина Петровна». Вот так все и вышло, Иришка. Ты уж меня извини.

247

— За что? — глухо ответила Рина — Вы-то тут при чем? Вы его из семьи не уводили — он сам увелся. В общем, я поняла. Спасибо.

Смущенная, Валентина проговорила:

— Вроде все так... Только все равно совесть мучила. — И, помолчав, заговорила: — Знаешь, Иришка, а у нас ведь не сразу все началось.

— Какая разница: сразу, не сразу? — попыталась остановить ее Рина.

Валентина упрямо повторила:

— Не сразу. Сначала жили как соседи: я у себя, он в горнице. По хозяйству помогал, врать не буду. Сразу хозяином себя почувствовал, резко за все взялся. И крышу подлатал, и сарай подправил. И с сеном управился. Поначалу тяжело ему было — говорил, что от физической работы отвык. Но потом все наладилось. Нутро крестьянское само за себя говорит — все у него спорилось, все получалось.

Мы почти все время молчали. Так, перекинемся за столом по делу: планы на завтра, ерунда, короче. И расходимся. Он все удивлялся: «Валя, да у тебя даже телевизора нет. У всех есть, а у тебя нет». И правда, телевизора не было. На кой? Радиоточка есть, и достаточно.

Газеты он в поселке покупал. В общем, жили мы так до поры. А потом стали жить по-другому.

Рина кивнула.

— Понимаю. Значит, так было надо вам и ему.

Валентина встала, пошла на кухню, загремела посудой, заваривая свежий чай. Рина слышала ее приглушенные всхлипы.

Принесла чайник со свежей заваркой, положила в вазочку моченую бруснику и нарезала свежий хлеб.

— Ешь. Брусника моченая хорошо заразу выводит — воду из тебя будет гнать, почки чистить.

Рина послушно зачерпнула ложку — плотные, горьковатые ягоды лопались на языке.

— Ему, Санечке, не сразу хорошо здесь стало, — тихо сказала Валентина. — Переживал он здорово, по тебе тосковал. Сказал однажды: «Преступник я, Валя. Дочку бросил. О себе в первую очередь подумал, а не о ней». А как-то сказал: «Я, Валя, как на пароме: от одного берега отчалил, а к другому пока не пристал. Болтаюсь где-то между».

Жалко мне его было, даже обратно в город гнала.

А два раза он чуть сам не уехал. Я видела — мучается. Ходит мрачный, потерянный. На вопросы не отвечает, будто не слышит. Ну я и замолчала, что в душу к человеку ломиться? Захочет — сам скажет. Но вижу — мозгует, как быть. Я ни слова. Ни за что удерживать бы не стала! Отревелась бы, и все. А однажды в саду ковырялась и в окно увидела: замер он над раскрытым чемоданом. Стоит и глядит в него. А чемодан наполовину полный. Остальные вещи из шифоньера вытащил и на кровать бросил.

Я стою под окном ни жива ни мертва. Сердце где-то в горле колотится. Все, думаю. Уезжает. К жене возвращается, к дочке. Прислонилась к яблоне и глаза закрыла. Уйду, думаю. Уйду в лес или к Нинке, чтобы ему легче было решиться.

Оглядела себя: руки по локоть в земле, калоши на голых ногах и халат байковый, старый, мамин еще. Я ж из огорода вышла — капусту окапывала. Да и холодно. Думаю, уйду так — свалюсь с воспалением легких. У меня с детства: чуть подстыну — вся хворь на легкие. Решила, сейчас схвачу ватник в сенях и сбегу. У Нинки сховаюсь. В сени сунулась, ватник с гвоздя цап и на цыпочках обратно, чтобы ступеньки не скрипнули. Бегу к калитке, сердце заходится, ноги дрожат, руки ледяные. Ох, скорей бы выскочить!

Только за калитку взялась — Саня.

«Валек, ты куда? Куда собралась?»

Я не оборачиваюсь — боюсь на него посмотреть. Кричу через плечо: «Да к Нинке!»

Он удивился: «Зачем к Нинке? Мы вроде обедать с тобой собирались».

Я застыла на месте — как прикопали. Повернуться не могу, боюсь. Дрожу вся. Но взяла себя в руки, развернулась и пошла к дому. «Ага, обедать, — бормочу. — Сейчас, Санечка. Мигом накрою! Да и готово все — руки-то мой!» Зашла в дом, калоши и ватник скинула, руки помыла и в кухню. Щи поставила греть, картошку с курятиной туда же, на плиту. Как сейчас все помню. Хлеб режу. Он и заходит. Я не оборачиваюсь, головы не поднимаю. Боюсь с ним взглядом столкнуться. Он мне: «Валь, что случилось?»

Тут я не выдержала. Никогда со мной такого не было: слезы ручьем, рекой, водопадом. Реву и не могу остановиться. Как плотину прорвало. И только шепчу: «Саня, Санечка!»

Он ничего не понимает. Обнимает меня, гладит по голове, как ребенка, и тоже приговаривает: «Валя, не надо! Зачем ты так? Все же хорошо, Валенька! Мы же вместе!»

И я опять в рев. «Вместе!» Значит, передумал. Решение принял. В общем, умылась, утерлась. Взяла себя в руки, и сели обедать.

А мне кусок в рот нейдет, проглотить не могу.

Он смотрит тревожно: «Не заболела?»

Я головой мотаю, нет, дескать.

Санечка все догадаться не может: «Привиделось чего? Объясни, что случилось!»

Но я как партизан — ни слова, стыдно. Вроде как подглядела за человеком, застала за очень личным. Думаю: «Остался, и слава богу. Это главное. А что там бывает у нас в голове...» Так всякое бывает, верно? Все имеем право на мысли и думки, правда ведь? И сомневаемся, и боимся чего-то. Люди ведь, а?

Рина кивнула.

— А ночью... Лежим оба без сна, мучаемся. Лежим рядом, но поодиночке. Так до рассвета лежали. А потом он обнял меня и... Словом, все нам стало обоим ясно, без слов.

Валентина испуганно глянула на Рину:

— Ой, прости! Прости, бога ради! Ты же дочь его, а я тебе такое рассказываю!

— Да бросьте, — усмехнулась Рина. — Я уже давно взрослая женщина, а не просто дочь. И все понимаю.

— Идем спать, Иришка, — засуетилась Валентина. — И так засиделись. Ты завтра в Москву собралась?

Рина кивнула.

Валентина застыла у кухонной двери.

— А через четыре дня у Санечки девятины. В церковь пойду, закажу молебен за упокой, свечку поставлю. Может, ему там полегче и будет.

— Вы верите? — осторожно спросила Рина. — И в церковь ходите?

— Верю, да, — просто ответила Валентина. — Дедуля с бабулей у меня верили. А как иначе? Прадед у меня был священник. Хороший человек, мудрый. Люди его любили — многим помог. Тихий был, но крепкий — не сдвинешь. Книги вот от него остались. — Она кивнула на книжный шкаф. — Саня был счастлив: книги, и столько! Вечерами я вязала, а он читал. Рядышком. Да и венчались мы с Саней! — улыбнулась она. — Пять лет назад, в Тутолово. Там хороший приход, светлый. И батюшка хороший, отец Яков, Саня с ним дружил.

— Вот как! — удивилась Рина. — Отец венчался?

Никогда разговоров о Боге они не вели, никогда. Только вспомнила: была у отца икона, лежала в его письменном столе. Не икона — иконка, маленькая, размером чуть меньше ученической тетради, темная, как закопченная. На ней строгий женский лик. Даже не строгий — суровый. Иконка была прабабкина, из Крокодинова. «Просто память», — коротко объяснил ей однажды отец и почему-то смутился. Рина помнила, как боялась ее в детстве. Отец ходил в церковь, венчался, дружил с батюшкой? Да, чудеса. Она подумала, что совсем не знала своего отца.

Вот, значит, как проходила их жизнь: сено, картошка, скотина. Лес и грибы, рыбалка — это из развлечений, для души. В гости к батюшке, долгие чаепития под самовар и разговоры о Божественном. Ну не о машинах и тряпках же говорить, не та компания.

Впрочем, ни одного священнослужителя Рина не знала — не пришлось. И о чем они разговаривают, даже не представляла.

«А они действительно похожи с Валентиной, — подумала она, — оба молчуны, любители природы и тишины. А с мамой ничего не было общего, ничего». Шурочка обожала шумные компании, толпы друзей, громкую музыку и разговоры до утра — бесконечные разговоры о книгах и фильмах, мечты о путешествиях. Кинофестивали. Она рвалась туда, преодолевая любые препятствия, — только бы достать пропуск или билет. Отец гостей не любил. Говорил — шумно, хочет побыть в тишине, и часто по воскресеньям уезжал за город. Называлось это «просто подышать и помолчать». Иногда брал с собой Рину.

Машины его не интересовали, а Шурочка всегда мечтала об автомобиле. Кстати, через год после развода насобирала в долг денег и купила «Москвич», села за руль, и понеслось. Водителем она была отменным — лихим и бесстрашным. Водила лучше любого мужика. Куда только не ездила на своей «ласточке» — и в Прибалтику, и в Крым.

А еще мама любила красивые шмотки — скупала у спекулянток кофточки, брючки. И выглядела шикарно — просто кинозвезда. Отец тряпки не просто не любил — презирал. Даже разговоры о них пресекал — морщился, как от зубной боли. Да и подружек маминых не жаловал — трепачки и хвастуньи. Правда, никогда не мешал. У них часто собирались «девочки», Шурочкины подружки. Пили сухое вино или коньяк, курили и трепались до бесконечности. Шурочке эти посиделки были необходимы. Про мужа подружкам говорила: «Не обращайте внимания! Сейчас уйдет к себе и мешать не будет». Он и вправду не мешал — делал три бутерброда, заваривал чай и уходил к себе.

Правда, после ухода «девочек» морщился от дыма и раздраженно, со стуком распахивал настежь окно — выражал недовольство. Шурочка, конечно, злилась. И они снова ругались.

Лет в десять Рина поняла, что мать отца слегка презирает. Во время ссор часто звучало «тебе не понять, ты у нас от сохи», «деревня никогда из человека не уходит — остается навеки», «как был деревенский лапоть — так им и остался».

«Да, — отвечал отец. — И горжусь! И стыдиться мне нечего». — «Нашел, чем гордиться!» —

тут же выдавала мать. Последнее слово всегда оставалось за ней. Наверняка она его немного стеснялась — были среди ее знакомых и отъявленные снобы, и модники. Как-то Рина услышала, как мать извинялась за резкое высказывание отца, дескать, простите, Саша у нас крестьянского происхождения.

И все же простаком он никогда не был. Никогда.

В последние годы, когда их ссоры стали привычными, как завтрак или чистка зубов, мать позволяла себе всякое. Любила цитировать Мусечку: «Выходить замуж надо было за ровню, за своего, недаром в старину брали из своего сословия, чтобы понимание было, чтобы люди говорили на одном языке». Отец усмехался: «Ну да, а мы с тобой на разных. Я на русском, а ты? Ты, видимо, на французском привыкла изъясняться».

Ни в чем они не совпали, ее родители: ни в пристрастиях, ни во взглядах. Ох, какими же разными они были людьми! И все же если бы они любили друг друга, то смогли бы притереться. Или все равно в один непрекрасный момент обнаружились бы все эти несовпадения? Но ведь при наличии любви со всем этим можно бы было смириться, научиться уважать взгляды и привычки другого. Но любовь, увы, закончилась, и все эти швы просто расползлись. И заскрипел их общий дом, затрещал, покосился и в итоге развалился совсем.

Да, странная вещь жизнь.

С Валентиной отец совпал. Они и вправду были родственные души. И отец был с ней счастлив. И был счастлив здесь, в этом месте. Мучило его одно — то, что он оставил дочь. Но и с этим он примирился, как постепенно примиряются все и со всем.

Рина укуталась в одеяло и попыталась уснуть.

Она проснулась среди ночи от сильного кашля. Колотило ее, как в лихоманке. В комнату вошла заспанная Валентина, разбуженная громкими звуками.

— О господи! — пробормотала она. — Пересидели! Пересидели мы с тобой, я во всем виновата. На дворе-то октябрь, тепло обманное, хлипкое. Вот и снова-здорово! — Потрогала Ринин лоб: — Слава богу, холодная!

Принесла теплого молока с медом, дала маленькую рюмочку настоя какой-то пахучей травы, как маленькую девочку, погладила Рину по голове, еще раз пять извинилась и тихо вышла из комнаты.

Кашель, как ни странно, утих и вскоре прекратился вовсе.

Измученная Рина успела подумать перед тем, как провалиться в сон: «Вот незадача! Завтра в Москву, на работу. Как же я выдержу?» Но, подавив слезу и жалость к себе, вскоре уснула.

Вот только кашель долго спать не дал. Проснулась и снова зашлась в сильном приступе. Злилась на себя страшно — природой она любовалась! На крылечке вдвоем!» Идиотка! Ах, луга, ах, березки! Ах, воздух какой! Только начала выползать — и опять. Ну как в таком виде явиться к Н.? А возвращаться надо. Да и совещание она прогуляла. Ой, не будет ей прощения, не будет — Рина хорошо знала мстительного начальника.

А еще она прекрасно знала, что Н. страшно брезглив. Сразу представила его холеное, надменное, недовольное лицо, если она при нем раскашляется. И к тому же он фанатично следил за своим здоровьем: бассейн по утрам, парная, массаж, легкая пробежка и легкий же завтрак — овсяная каша исключительно на воде, ломтик дорогущего элитного сыра, доставленного из Франции. Несколько долек вьетнамского манго, ярко-желтого, почти оранжевого, считающегося лучшим. Ну и зеленый чай — никакого кофе, ни боже мой! Это он рассказывал сам, находясь в благодушном настроении. Рина делала большие глаза, охала, ахала, пыталась восхищаться, но, кажется, удавалось это плохо. Она и представить себе не могла, как начать день без чашки крепкого кофе. Да и вообще, кофе у них пили литрами — на маленькой кухоньке стояла дорогая кофейная машина, Ринино приобретение. Денег на эти кофейные удовольствия уходила уйма, но Рина не экономила. Частенько приходилось оставаться на работе почти до ночи — как тут без вкусного допинга? Да и к еде все относились спустя рукава: бегали в буфет, набирали бутербродов с колбасой и перекусывали наспех, на бегу.

Как-то она углядела, как Н. обедал. В кафе он никогда не ходил — не по статусу. Верная Виолетта заказывала шефу обед: кусочек постной рыбы на пару, вареную спаржу или брокколи, пюре из тыквы или кабачков. Бр-р-р! Н., когда Рина вошла, стыдливо прикрыл салфеткой свой «аппетитный» обед. Понимал ведь: она не утаит, поделится с коллегами — вот вам и повод для веселья.

Рина прекрасно помнила, как важный ныне Н. питался в те времена, когда еще не был шефом, а был обычным, рядовым сотрудником, коллегой и просто своим простецким парнем. Кусок колбасы, банка килек в томате, и это было нормально.

Начинали они почти вместе. Н. появился в компании через два года после Рины. Был он веселым, заводным, компанейским — она и предположить не могла, что с ним произойдет в будущем. Откуда взялись спесь, гонор и презрение к нижестоящим.

В то время Н. был женат на своей однокурснице, милой девушке по имени Света. Та была хороша собой, смешлива и простодушна. Кажется, приехала из провинции. Н., выросший в интеллигентной московской семье, Свету немного стеснялся. Тихо делал замечания на посиделках, когда смешливая Света громко хохотала, всплескивала руками и била себя по коленкам. Спустя пару лет у них родилась дочка Машка. Н. дочку любил, а вот Светой стал тяготиться — наверх он пошел довольно быстро, даже стремительно. Не то чтобы открыто по трупам, нет, все-таки мальчик из приличной семьи, воспитание не позволяло.

Но Рина знала, что он довольно легко слил своего лучшего друга, аккуратненько подставив его перед начальством. Так тонко и аккуратно, что никто, кроме Рины, ничего и не понял — весь расчет на это и был. Ну а следующим этапом он стал разбираться с подчиненными, бывшими соратниками и друзьями. Старался делать это красиво, правда, получалось не всегда. И скоро не только Рине, но и всем стало понятно, что Н. здорово изменился.

Кстати, еще в те далекие и добрые времена, когда ее шеф был добрым приятелем и просто хорошим парнем, на новогодней вечеринке у них чуть не случилась романтическая связь. Конечно, все прилично выпили и расслабились. Рина и Н. пошли перекурить, и их тут же подбросило друг к другу: алкоголь, молодость и обыкновенное возбуждение. Целовались до одури, Н. до боли сжимал ее в крепких объятиях и покусывал губы. Измученные и возбужденные, они бросились искать свободный кабинет. Рыскали по длиннющему, уже темному коридору научного института, в котором снимали свое первое помещение, дергали дверные ручки, но не везло — двери были или заперты, или в темных комнатах раздавались приглушенные стоны тех, кто успел их опередить.

Пока искали укромный уголок, накал страсти спал, как это обычно бывает, и, устав, они быстро сдались, хмель почти выветрился. Рине стало смешно. Н. же по-прежнему нервно тыкался в двери, чертыхался и бормотал, как им не везет.

Наконец опустошенная Рина прислонилась к стене и рассмеялась:

— Да хватит, ей-богу. Ну не сложилось, выходит, не судьба!

Н. страшно смутился и разозлился — увидел себя со стороны. Но, как человек умный, тут же взял себя в руки и делано рассмеялся.

Вернулись к своим, на вопрос, где пропадали, придумали что-то дурацкое. «Слава богу, — много раз думала Рина. — Слава богу, что не сложилось!» Ей было бы дико стыдно перед Светкой. К таким подлостям Рина была не готова. После этого случая оба делали вид, что ничего не было и они все забыли. А потом и действительно все забыли. Чего не бывает в молодости да под алкогольными парами.

Н. всегда убирал тех, кто мог ему что-то напомнить. Почему он не убрал Рину? Она была отличным специалистом, истинным профи, который ему был необходим. Но прежнюю дружбу и совместные вечеринки он предпочел забыть. Он — босс, она — подчиненная.

А очень скоро, всего-то через пару лет, Н. бросил простоватую Светку и снова женился. Новая жена была, как положено по статусу, молода и прекрасна: нереально длинные ноги и высокий, крепкий, отлично сделанный бюст. Наукам молодая обучалась в Лондоне, этикету — в профессорской семье. Держалась она отменно. Умница, красавица. Куда до нее простоватой Светке?

Как-то Рина встретила Светку в магазине. Близоруко щурясь, та внимательно разглядывала ценники на колбасе. Встретились взглядами, и обе смутились. Кажется, Рина даже больше.

Одета Светка была плоховато — бросалось в глаза, что шмотки на ней хоть и фирменные, но давно вышедшие из моды — из той, прежней, красивой и сытой жизни. Обшлага некогда модного красного пальто от «Кензо» потерлись. Рина покупала его вместе со Светкой, Н. не доверял «примитивному» вкусу жены и попросил Рину, «поучаствовать». Старые сапоги с немодными носами, кожаные перчатки с белесостями. Плохая стрижка. Словом, со Светкой все было понятно. Да и с Н. тоже: жлоб. Вышли на улицу. Под сильным ветром Светка с трудом раскурила дешевую сигарету и на вопрос Рины: «Ну как ты?» — развела руками:

— Как, как? Да никак! Разве не видно? Работаю. Устроилась в польскую фирму, торгуем стиральными порошками. Поляки народ скупой, платят мало.

На вопрос о дочери погрустнела.

— Машка меня ни во что не ставит, считает полной лузершей и боготворит Н. Каждый день попрекает, что я лишила ее отца, упустила такого мужчину и я одна во всем виновата. К отцу бегает как собачонка, только что не пляшет под губную гармошку. Смотрит ему в рот и, конечно, ждет подаяний. С его женой между прочим задружилась и ею восторгается. Сволочь, короче. В папашу.

Рина трусливо промолчала — все-таки Н. ее начальник и работодатель. Но Светку было очень жалко. Не из-за поношенного пальто и сапог, нет — из-за засранки Машки.

Но через минуту у Светки загорелись глаза:

— Но мужичок у меня есть! Представь себе, есть!

— А что тут удивительного? — улыбнулась Рина. — Ты такая красавица!

Мужичок, скорее всего, был никудышный. Светка призналась, что он простой работяга из Белоруссии, обычный гастарбайтер, приехавший в столицу подзаработать. На родине, в Гомеле, его ждет семья — жена и два сына.

— Так что отношения у нас, как понимаешь, временные. Отвалит мой Семка, и поминай как звали. Но хорошо, что хоть такой появился. А то бы я совсем скуксилась. Знаешь, — неожиданно разоткровенничалась она, — а я могла бы его увести. Знаю, что могла бы. С женой у них давно ни шатко ни валко. Да и дети выросли. В Москве ему нравится, работа есть. Но не буду. Сама это пережила и другому не пожелаю. Веришь?

— Верю, — кивнула Рина. — Я тебя знаю.

Обменялись телефонами. Жила теперь Светка где-то в Кузьминках, у черта на куличках — бывший муж «откинул» квартиренку, где подешевле.

— Нам хватает, — хмуро бросила Светка. — Только Машке до школы добираться черт-те сколько. Она старую школу не бросила — жалко.

Телефонами обменялись, но ни разу не созвонились. Это и понятно, кто они друг другу? Социальное положение у них было разное, что уж тут говорить. Кому охота чувствовать себя ниже и хуже другого?

Рина тогда шла к машине и думала: «Сволочь все-таки Н. Ведь единственная дочь! При его-то возможностях мог хотя бы оставить квартиру на Бронной». Но скоро дочь оказалась не единственной — молодая жена родила сыночка. Н., конечно, был счастлив, хотя тщательно это скрывал. Дочку Машку от первого брака Рина увидела на пятидесятилетии Н. Конечно же, отмечать с коллегами юбилей ему не хотелось, настроение у него уже за пару месяцев до события было преотвратное. Ходил с такой кислой мордой, что было даже смешно. Но пришлось, куда денешься. Проигнорировать такую дату нельзя. Короче, взял себя в руки и настроился.

Ну и началось, конечно. Особо льстивые принялись писать торжественные хвалебные оды, в кабинетах и курилках стоял звенящий шепот: что подарить, как восхвалить и вознести.

Было противно. Н., мягко говоря, все не любили.

Рина решила: никаких личных подарков и никаких стишат! Подарок от отдела. Подарком поручили заняться Эдику. От такой ответственности тот сначала впал в транс, а потом и в истерику.

Но Рина стояла на своем: заниматься этим самой не хотелось, так было противно.

— Лучше ты, — сказала она плаксивому заму. — А то куплю в подарок крысиную смерть номер один.

Таким ядом в офисе недавно травили грызунов.

Эдик вяло хихикнул.

Наконец подарок выбрали — богатый дорожный несессер из кожи ската. Рина одобрила, и бедный Эдик наконец выдохнул и даже стал клянчить отгул — восстанавливать нервные клетки. Рина посмеялась, но отгул не дала:

— Перебьешься.

И вот настал час икс. С утра в офисе началась нездоровая суета — наряженные и благоухающие дамы зависали в туалетах, реставрируя осыпающуюся красоту. Бесконечные курьеры заносили корзины цветов. К пяти часам душно пахло духами и розами — цветы стояли в ведрах, банках, корзинах и вазах и ждали своего часа.

К пяти часам двери конференц-зала торжественно распахнулись, и потянулись сотрудники. В зале были накрыты столы. Рина отметила, что Н., при всей своей скупости, с собой справился — сколько же душевных мук ему это стоило? Нет, нужным людям он ничего не жалел — водил в самые дорогие кабаки, преподносил элитные коньяки, покупал билеты на первые ряды в Большой и так далее. Но здесь? Для кого? Для этих шуршащих сошек, этих никчемных тараканов? Для этих сплетников, завистников и бездельников?

За банкетом-фуршетом тщательно следила Овчарка Виолетта. Под ее зорким взглядом все притихли и замерли у входа. Наконец до нее дошло — народ перепуган до смерти, какой уж тут праздник! Она выдавила «обольстительную» улыбку, больше похожую на акулий оскал, и постаралась изобразить радушие.

Стол был богатым, на кейтеринге не сэкономили: икра — естественно, красная, но и это прорыв, — рыба трех сортов, буженина, ветчина, корзиночки с салатами и паштетами, фрукты в вазах, ну и спиртное: шампанское, коньяки и вино на любой вкус.

Народ занервничал, громко сглатывая слюну. Конечно же, все были голодны: как-то глупо идти обедать в столовку в праздничный день. Виновника торжества в зале не было. Рина понимала: будет торжественный вход. Но и самое главное — принимать и встречать гостей было ему не с руки. Еще чего, много чести! Наверное, это и правильно — в искренность Н. все равно никто бы не поверил.

Те, кто посмелее и понаглее, взяли тарелки и стали накладывать угощения. Спустя минут двадцать вошел именинник. Н. был хорош, что и говорить: богатая от природы фактура — рост, плечи, шикарные волосы, красивые руки. Рина догадывалась — многое сделано и приукрашено. Например, плечи у Н. были совсем не широкие и довольно покатые — однажды они оказались вместе в бассейне, — но умело подобранный дорогущий костюм скрывал все недостатки и подчеркивал неоспоримые достоинства. Ногти с маникюром покрыты бесцветным лаком, чуть подщипанные и, кажется, подкрашенные брови — Рина помнила, что в молодости брови у Н. были густыми, широкими, — легкий загар: солярий или недавний отпуск на Мальдивах. Плюс элегантная стрижка и модный парфюм.

Слава богу, хватало ума не подкрашивать седину на висках — понимал, что это только красит и придает благородства.

Н. был хорош, да. И многие дурочки, молодые сотрудницы, по нему откровенно сохли: закатывали глаза, обсуждая его янтарный загар и «офигительные» ботинки или рубашки. Только старые клячи над этим посмеивались: «Ох, дуры вы, девки! Во-первых, у Н. молодая жена, и вам не светит. А во-вторых, он трус и никогда не позволит себе романчик с коллегой».

* * *

Фуршет по поводу пятидесятилетия шефа прошел быстро, часа за полтора. Были торжественно вручены подарки, Н. делал вид, что смущен и страшно рад, закатывал глазки и кокетливо складывал бантиком губки. Улыбался, но глаза были льдистые, равнодушные. В них читалось, что все ему осточертели и больше всего ему хочется поскорее закончить эту бодягу.

Коробки с подарками и необъятные букеты два дюжих охранника с абсолютно одинаковыми и пустыми лицами складывали в угол, на большой стол. Овчарка успевала следить за всем — за приглашенными, охранниками, официантами и, конечно же, за гостями. При виде тех, кто часто подходил к столу, накладывал горки деликатесов и тянул руки к официантам, разливавшим спиртное, Овчарка хмурила брови и фотографировала несчастных стальными глазами.

Рина выпила рюмку коньяка, закусила бутербродом с икрой и горько подумала: «Эх, Маргошка! Вот где мы бы с тобой развеселились, да, подруга? — И в который раз: — Что же ты наделала, а?»

На тот юбилей пришла Маша. Стесняясь, бочком, зашла в зал, приткнулась к стене и завороженно смотрела на отца. Папаша нахмурился, и на его лице появилась гримаса брезгливости, но он быстро взял себя в руки — не дай бог, кто заметит! Изобразил счастливую улыбочку и чересчур бойко и радостно стал призывно махать дочери.

Встрепенувшись и растерянно оглянувшись по сторонам — ее ли зовут? ей ли оказана высокая честь? — Маша рванула к отцу.

Беглым, но очень внимательным взглядом он оглядел ее, кажется, остался не очень доволен, но справился с собой и наконец приобнял.

Маша вспыхнула, ее милое лицо осветилось счастьем.

Н. никому ее не представил, тут же выпустил из некрепких и равнодушных объятий и подтолкнул к столу:

— Иди поешь. Голодная небось, — снисходительно бросил он.

Маша смутилась и не сдвинулась с места — ей не хотелось отходить от отца. Но Н. решительно отодвинул ее от себя и что-то коротко шепнул на ухо. Маша дернулась, покраснела и быстрым шагом пошла к выходу. Н. удивился, кажется, слегка испугался, но тут же взял себя в руки.

Кроме Рины, внимательно наблюдающей за этой сценой, и еще пары человек, включая Овчарку, никто ничего не заметил. Да и слава богу. Бедная Машка! Девочка была похожу на Свету — такая же беленькая, высокая, светлоглазая, по-подростковому нескладная, тонконогая, как олененок. Хорошенькая. В будущем она точно станет красавицей, это очевидно.

Рина хотела догнать девочку, утешить, прижать к себе — жалко ее было до слез. Но, зная Машкин характер, вовремя остановилась.

Овчарка пристально смотрела на Рину. «Вот сука!» — возмутилась Рина, конечно, про себя и вышла из конференц-зала. Да пошли вы все! Заперлась у себя в кабинете и разревелась.

Как же Рина скучала по Маргошке! Как тосковала по ней! Маргошка была для нее самым близким и родным человеком. Фотография Маргошки стояла у нее на тумбочке рядом с кроватью, и каждый вечер перед сном Рина разговаривала с подругой. Делилась последними сплетнями, событиями на работе. Рассказывала о своих печалях, неприятностях, горестях. А больше было некому, вот так.

Иногда созванивались с Игорем, Маргошкиным мужем. Тот, кстати, через полтора года после ее страшного, внезапного ухода женился. Ну и слава богу. Маргошка была бы рада. Рина же одобрить этот брак не могла. Нет, все, конечно, понятно: жизнь есть жизнь. Но чтобы так скоро! Впрочем, Игорю было несладко, это тоже понятно. Мужики, они одни быть не могут. Это женщина может остаться одна и жить нормальной, полноценной жизнью. А они почему-то нет.

Митька, Маргошкин сын, был в порядке: окончил Бауманку, хорошо зарабатывал, удачно женился и родил двоих детей.

Встречались они на кладбище раз в год, на годовщину Маргошкиной смерти. Слава богу, Игорю хватало ума не брать с собой новую жену. Молча стояли у ухоженной могилы, Рина раскладывала цветы и смотрела Маргошке в глаза:

«Видишь, родная, у нас все хорошо. И у Мить-
ки, слава богу, и у Игоря. Да и у меня... Ничего,
все слава богу».

Молча шли обратно. Наскоро прощались
у выхода, почему-то смущались, и она, и Игорь.
Прощались до следующего года. Игорь при-
обнимал ее и смущенно отводил взгляд. Со
взрослым Митькой прощались за руку. В эти
моменты Рина вспоминала, как подмывала его,
обакаканного младенца, под краном.

Когда становилось совсем тухло, она ехала
к Маргошке одна. Как-то приехала в декабре,
днем. Что-то было совсем нестерпимо тошно
и одиноко. Поговорила с подругой, положила
ей остро пахнувшие еловые ветки: «С Новым
годом, родная!» — и медленно побрела к выходу. Было уже почти темно, наступили то-
ропливые декабрьские сумерки, и Рине стало
не по себе. Снега совсем было мало, и был он
жесткий, осевший, слежавшийся. Над головой
громко прокаркала стая огромных ворон. Они
пролетели так низко, что Рина втянула голову.
Птиц она не любила и побаивалась и их жадных
клювов, и острых когтей. Потом воцарилась
невыносимая, давящая, гулкая тишина, стало
совсем страшно. Из темноты выглядывали па-
мятники, темнели мокрые, озябшие деревья.
Рина поежилась и бросилась к выходу. Куда по-

перлась на ночь глядя, дура? Кто едет на кладбище в темноту да в одиночку? Почти бежала до выхода, выскочила за ворота и только там выдохнула.

Дома выпила две рюмки водки и, заливаясь пьяными слезами, рухнула на диван.

«Маргошка. Молодая, красивая, умная. Успешная и счастливая: чудесный муж, прекрасный сын. И вот так... Как ты там, подруга?»

Никого и никогда ближе Маргошки у Рины не было. Только ей Рина могла рассказать все. Абсолютно все, без утайки. Про свою веселую мать, быстро забывшую об оставшейся в одиночестве дочери. Про отца, уехавшего в глушь и появлявшегося в лучшем случае раз в полгода. Про свои романы и про своих мужчин, оказавшихся никчемными слабаками и трусами. Про свои страдания и страхи, тоску и переживания. Да про все. И ничего, ничего было не стыдно.

Как Маргошка умела слушать! Слушать и слышать. Как тонко, иронично, отзывалась обо всем, с долей здорового цинизма, который снимал пафос с Рининых страданий. И тут же отпускало, отступало и отлетало. Чудеса. И, горько всхлипнув последний раз, Рина начинала давиться смехом и махать на подругу рукой:

— Да хватит тебе, у меня тут горе, а ты...

— Горе, ага! Чтоб это было твое последнее горе, родная.

Увы, не последнее. И не самое страшное. Самое страшное было тогда, когда заболела Маргошка.

Как она держалась, господи! Бледная до синевы, исхудавшая и обессилевшая, уже почти неходячая, лысая от химии, она продолжала шутить и смеяться, поддерживать всех.

Только однажды она расплакалась.

— Ринка, о себе не думаю, честно. Со мной все понятно. И веришь, я это уже приняла. Но вот Митька и Игорь... Нет, я тоже все понимаю. Митька уже, слава богу, не маленький. А Игорь... Игорь, конечно, тоже. В смысле, переживет. Устроит свою жизнь, во вдовцах не задержится. Хороший ведь мужик, таких мало. Подберут без задержки. И все-таки... Жалко мне их, бедные мои, бедные парни! Пока придут в себя...

Рина держалась недолго — плакали вместе, держась за руки. Рука у Маргошки была невесомой, почти прозрачной, прохладной и хрупкой, как у ребенка. Казалось, сожмешь посильнее и, не дай бог, сломаешь.

А через три недели после этого разговора Маргошка ушла.

* * *

Утро было ясным, но немного прохладным.

Рина с неохотой выбралась из постели, натянула на себя теплые вещи и поставила чайник. Кажется, Валентины не было дома.

Выглянула в окно — та кормила кур. Рина сделала яичницу, нарезала хлеб, заварила свежий чай и накрыла на стол.

Валентина появилась через минут пятнадцать. Увидев «сервировку», всплеснула руками:

— Ох, молодец, Иришка! Разбалуешь ты меня! Ну что? Полегче тебе?

За завтраком Валентина сказала:

— Через четыре дня девятины. Конечно, соберется народ. И снова станем поминать Санечку. Выходит, надо ехать в город за продуктами и готовить стол. Мишку просить не хочется — на автобусе доберусь. А там, может, такси возьму, тогда совсем хорошо. — Потом внимательно посмотрела на Рину: — Ты сегодня домой?

— Да. Чувствую себя вполне прилично — благодаря вам. Хотела позвонить Мишке вашему, может, сподобится и подвезет? А заодно и вас в город подкинет. Вот и проблема решена, верно?

Валентина кивнула:

— Попробуй. Получится — и меня прихватишь, не откажусь.

Она тяжело поднялась со стула и, не глядя на Рину, поспешно стала убирать со стола.

Рина вышла на крыльцо. Окончательно поднявшееся солнце припекало по-летнему. Пахло сеном и влажными листьями. Рина подошла к яблоне и сорвала забытое яблоко. Оно было холодным, будто из холодильника, и, как ни странно, очень твердым.

Рина поднесла его к лицу, и от восхитительного, ядреного, свежего аромата у нее закружилась голова. Она надкусила яблоко, и оно брызнуло спелым, кисловатым соком.

Рина подошла к калитке.

По дороге, погоняя черную, в белых кляксах, корову, прошла баба в кирзовых черных сапогах и огромном, с чужого плеча, ватнике.

Увидев Рину, баба приветливо махнула рукой.

Рина помахала в ответ.

Валентина вышла на крыльцо.

— Собралась?

Рина кивнула.

— А я пойду до Нинки. Может, поедет со мной? Поможет. Вдруг машину обратно не найду?

— Пойду звонить вашему Михаилу. — Рина вошла в дом, побросала в сумку вещи, взяла телефон и села на кровать.

Мишка откликнулся сразу:

— За вами и на вокзал? Ага, согласен. Да не беспокойтесь вы, какие деньги? Я что, нуждаюсь? — обиделся он. — Через полчаса буду, выходите во двор.

Рина подошла к окну: улица, покосившиеся домики. Кое-где дым из труб — топят. И правильно, несмотря на чудесную погоду, в избах прохладно — осень. За домами желтое поле и темно-зеленый лес, вдалеке, переливаясь на солнце, блестит серебристой змейкой речка.

Тихо и спокойно. Звенящую тишину нарушают вскрики пролетающих птиц, гогот утиного клина и стук топора — где-то рубят дрова.

Рина достала из сумки фотографию отца.

— Ну все, пап. Пока. Вот я и выбралась к тебе, наконец получилось. Грустно получилось, печально. Я приехала, а тебя тут уже нет. Так и не порыбачили мы, пап. И за грибами не сходили. И в речке твоей не искупались. И не поговорили. Прости. Такая вот жизнь дурацкая. Все как-то поздно случается, как-то неправильно, пап. — Она убрала фотографию в сумку, в последний раз оглядела горницу, свое временное пристанище, и вышла во двор.

Валентина стояла у калитки.

— А, собралась! — кивнула она. — Пять минут — и едем! Нина моя отказалась, приболела чего-то. Она давлением с молодости мается. А уж сейчас и подавно.

В машине Михаил попытался завести с Риной разговор:

— Уезжаете? Не показались наши места?

Рина улыбнулась:

— Да почему же? Еще как показались. Красота, куда ни посмотри. Только у меня работа, как вы понимаете. Короче, труба зовет.

Рина смотрела по сторонам, прощаясь с окрестностями, пролетавшими хуторами и деревеньками, мокрым лесом, опавшими листьями, желтыми, пустыми полями. Со всей этой красотой, прекрасной, но чужой. Почему-то сжалось сердце. Как будто именно в эти минуты она прощалась с отцом. Теперь навсегда.

Зазвонил телефон, и Рина вздрогнула от неожиданности. Эдик.

— Да. Еду, еду! К утру буду в Москве. Встречай на вокзале!

Слышно было отвратительно, Эдик что-то говорил, но звук пропадал, и, раздраженная, Рина собралась было дать отбой, но тут услышала то, что привело ее в ярость.

— Что? — переспросила она. — Как это так? Как зарубили? Да такого не может быть! Кто? Сам? Ты спятил, Эдик? Как он мог зарубить?

Он же ждал наш проект, как манну небесную. Говорил, что он беспроигрышный и что здесь вообще не будет осечек!

Разговор по-прежнему прерывался, в трубке сипело, шипело и крякало.

Рина не на шутку распсиховалась: вспотела, дрожащими руками расстегнула ворот куртки, сорвала с шеи платок, отерла со лба пот и как заведенная повторяла:

— Эдик! Алло! Ты меня слышишь? — Я тебя плохо! Отвратительно просто! Что-что? Повтори! Повтори, слышишь? — И снова: — Нет, я не верю. Этого просто не может быть!

Разговор прервался — разъединили. Рина сидела остолбеневшая, застывшая, не выпуская из рук телефон. Мишка с удивлением разглядывал ее в зеркало обзора и косился на Валентину. Та хмурилась и молчала, но в конце концов решилась и, легонько дотронувшись до Рининой руки, спросила:

— Что-то случилось, девочка?

— Не поняла еще, но, кажется, да.

Въехали в город. Рина посмотрела на телефон — появился сигнал.

Она снова набрала номер Эдика. Тот все подтвердил: Н. проект зарубил, говорил о нем пренебрежительно, мерзко усмехался и «вообще сказал много гадостей, вы уж простите».

— Каких? — жестко спросила Рина. — Давай, давай! И поподробней! Ничего не пропускай, слышишь?

Эдик решился.

Получалось так: «Отдел бездельников, бесполезных людей. Начальница ваша — в первых рядах. Каков поп — таков приход, и так слишком долго терпели ваши выходки. Ничего вам нельзя поручить, все заваливаете. И зачем вы вообще нужны, лохи и юзеры? Зачем вам платят такие деньги? Мало что проект полное говно, так еще и ваша разлюбезная Рина Александровна отчалила на неделю, в такое-то время! Конец года, подписание бюджетов, основные контракты! А она? По каким-то срочным и неотложным, видите ли, делам. Как это — не могла задержаться? Не понимаю! По уважительной причине? И слушать ничего не хочу. Нет таких причин, нет, слышите? Короче, хватит, мне надоело!»

— И ну вообще, — тихо и кисло добавил Эдик. — Жесть, что там было! Поверьте. Этот ваш Н. совсем оборзел.

Рина молчала, собираясь с силами.

— Ну, во-первых, — железным голосом сказала она, — Н. не мой. И ты это знаешь. А во-вторых, по каким срочным и неотложным делам я уехала, всем известно! Не могла задержаться? Да нет, конечно, могла бы! — вдруг закричала она. — Какие там дела, ей-богу! Подумаешь — умер отец! Разве это дела, правда? Нет, для него это уж точно фигня! Помнится, он брата старшего не поехал хоронить — у него были дела! Он был в командировке, даже помню где. В Португалии! Он не поехал, а я вот поехала, представляешь? Преступница, а? У нас, блин, конец года и бюджет, а у меня не ко времени умер отец! — Рина зло рассмеялась. — Да пошел он, этот Н.! Совсем озверел, сволочь, совсем берега потерял! Сколько лет пашу на него! И вообще, Эдик, — резко сменив тон, добавила она, — знаешь, что? Скажи им там — слышишь? — скажи, что я ухожу! Нет сил, понимаешь? Осточертело все до некуда! В общем, я пишу заявление, отправлю по почте. А ты, друг любезный, зайди, будь ласков, к Овчарке и проконтролируй, чтобы этот гад подписал. Ты меня понял? Все, Эдик, все. Все разговоры бесполезны, слышишь? Ничего я не подумаю «как следует и на трезвую голову», и ничего не изменится, понял? Ты что, со мной не знаком?

Бедный Эдик продолжал бормотать что-то жалкое, снова призывал «хорошенько подумать, ведь с работой сейчас, сами знаете, Рина Александровна! Да и вообще — вы уж простите — бабло! Таких денег сейчас не заработать».

Рина резко остановила его:

— Ты обо мне не беспокойся, дружище! У меня есть цена, понимаешь? И я ее знаю. И бабло мое не считай, понял? У меня одна жизнь. И я не собираюсь дохнуть из-за этого гада. В общем, ты услышал и, надеюсь, понял. — Боясь разреветься при Эдике, она быстро нажала отбой.

Мишка и Валентина молчали. А она, не стесняясь, ревела белухой, хлюпала мокрым носом, размазывала ладонью слезы и сопли, громко всхлипывала, тихонько подвывала, и ей было решительно наплевать, кто и что про нее думает.

Первой не выдержала Валентина:

— Все, Иришка, все. Хорош. Неприятности? С этим надо ночь переспать. Увидишь — завтра все проявится в новом свете, наверняка более радужном, что ли. По крайней мере, все окажется не таким страшным.

Мишка обрадованно закивал, соглашаясь со словами соседки.

Наконец Рина взяла себя в руки и попыталась успокоиться.

Получилось не сразу. Валентина глянула на часы:

— До поезда два часа, успеете загодя! Миш, — обернулась она к соседу, — довезешь до вокзала и дождешься поезда, слышишь? Чтоб Иришка была не одна. Перекусите там, что ли. Может, она, — Валентина кивнула на Рину, — коньячка там... граммов сто. Или водочки. Пока поезд не двинется, не уезжай, понял? Потом разберемся, — тихо добавила она.

Растерянный Мишка неуверенно кивнул.

Валентина выбралась из машины и посмотрела на Рину:

— Давай, девочка! Доброго пути. И успокойся ты, бога ради, все образуется и утрясется, увидишь. Мало ли чего в жизни бывало. Самое главное, — Валентина вздохнула, — чтоб все были живы. — Обнять Рину она, кажется, постеснялась. Только тихо сказала: — Спасибо, Иришка, что приехала. Ну и вообще.

Мишка открыл окно.

— Подождешь меня, Валь? Или сама доберешься?

— Да доберусь, Миш! Не впервой. Машину поймаю. А если не повезет, затяну сумки в автобус, а там как-нибудь, мелкими перебежками. А может, кого встречу, и подмогнут! Не, ждать тебя точно не буду. О чем ты? Мне ж готовить уже пора — холодец буду ставить, пироги заведу. Езжайте с богом и обо мне не волнуйтесь!

Махнув рукой, Валентина быстро пошла к магазину.

Мишка вопросительно посмотрел на Рину:

— Ну чего? Тронулись, что ли?

Та молча смотрела перед собой. И вдруг резко и решительно ответила:

— Миш, вы подождите нас, а? Сейчас мы по-быстрому все закупим. Не уезжайте, ладно? Без вас мы не справимся. Не дотащим просто. Дождетесь?

Ничего не понимающий, огорошенный Мишка осторожно кивнул:

— Дождусь, ага. Куда денусь?

Рина выскочила из машины и окликнула Валентину.

Та обернулась, растерянно посмотрела на Рину, и, кажется, все поняв, улыбнулась:

— Пойдем, девочка, спасибо за помощь.

Больше ни слова. «Да, — подумала Рина, — вот это характер! Ни пояснений, ни комментариев. Кремень тетка, правда. И, кажется, мне все больше и больше становится все понятно. Про нее и про отца».

Набрали огромные сумки — закуска, спиртное. Водка, пара бутылок вина. «Хотя кто у нас его пьет? Так, для интерьера».

Хлеб — пять буханок, еще теплого, пахнувшего так, что захватывало дух. Рина не удержалась и отломила хрусткую корочку. Колбаса, сыр, фрукты. Чай и кофе для Рины. Бананы и виноград — побаловать бабушек. Коробка конфет, большая жестяная банка селедки в пряном соусе. Три пачки сока — тоже для соседушек. Ну и кое-что еще, по мелочам.

Вышли на улицу — пакеты оттягивали руки.

Уселись в машину и выдохнули.

— И куда бы мы без тебя, Миш? Да сдохли бы просто!

На обратном пути у Михаила с Валентиной завязался разговор. О том о сем, об огороде, урожае, заготовках на зиму. О соседях и детях, само собой, Мишкиных. Рина не прислушивалась, свои черные мысли одолевали, но краем уха все-таки слышала, как Мишка ругал сноху, жену сына, а Валентина его успокаивала и призывала Тоньку не слушать и вражду не раздувать.

Расстроенный, Мишка крякал и ерзал на сиденье — понятно, больной вопрос. Наконец подъехали к дому. Выгрузились, зашли в избу, и пахнуло вкусным, домашним, знакомым теплом.

— Раздевайся и ложись, — приказала Валентина. — Отоспишься, и примемся за дело.

Рина, чувствуя себя измочаленной, выжатой, обессиленной, почти мертвой, не возражала — ушла к себе и, не раздеваясь, рухнула на кровать.

Уснула мгновенно — счастье, спасение.

Проснулась в странном состоянии: «Что со мной? И как вообще теперь все будет?» Появились сомнения — правильно ли она сделала? Не поспешила ли с таким резким решением? Нет, все понятно: Н., конечно, законченная сволочь! Это давно понятно и так, и подтверждения не нужны. Но чтобы так? Чтобы так с ней обойтись? Господи, как же обидно! Чтобы перечеркнуть всю жизнь, молодость, совместные проекты, весь долгий, совместный, сложнейший путь, пройденный вместе? Нет, все она про него понимала — и как легко он спихивает ненужных людей на обочину, и как гнусно и безжалостно расправляется с неугодными. И как топит и утилизирует отработанный материал.

Все понимала. Но чтобы с ней? Со своей правой рукой? С человеком, приносившим ему очевидную прибыль? Разве она была ему помехой? Да она, если честно, всегда закрывала глаза на все его делишки. Пару раз, правда, вступалась, впрягалась, как сейчас говорят, за уволенных сотрудников. Правда, ничем это не помогло.

Пару раз вступилась, а потом перестала.

И не потому, что боялась его, нет. Просто понимала бессмысленность этих действий. Но и думала о себе — зачем? Зачем ломать копья? Да, думала. Даже не о деньгах, нет. О том, что эта работа — вся ее жизнь. И больше ничего у нее нет — ни семьи, ни детей, ни даже родителей. И Маргошки уже давно нет...

Ну и вот, получается, расплата за подлость. За то, что проглатывала его гадости, давилась, но проглатывала. Тошно было до слез, а молчала. Мирилась. И даже пыталась его оправдать — и такое было. Было. Бизнес, конкуренция, и тут по-другому нельзя. Компромиссы. Дурацкие компромиссы, без которых, увы, не получается прожить свою жизнь.

Ну и получи! А что ты думала? Со всеми он законченный подлец, а с тобой сладкий пряник? С тобой такого не случится, потому что когда-то, сто лет назад, в далекой и бурной прекрасной молодости вы целовались на темной лестничной клетке? Не смеши! Он через Светку и Машку перешагнул и не поморщился! А тут ты. Да у него вообще нет моральных барьеров и запретов — только деньги и власть.

Нет, решила Рина, отступать и менять решение нельзя, невозможно! И переступить через такое унижение тоже, иначе она совсем потеряет себя. А это куда страшнее, чем все остальное. Она точно знала, абсолютно была уверена, что ее проект был хорош. Сколько она добивалась этого контракта! Сколько билась над ним! Как отбивала от конкурентов. Да что там — он был точно рентабелен! Эдик, при всех своих недостатках, в аналитике был асом.

Незаменимым здесь был ее Эдик — за это она его и держала. Чутье у него было отменное. Да и она кое-что соображала. Нет, дело здесь не в проекте, она уверена. Дело в чем-то другом. А вариантов не так уж и много. Первый — у нее появился конкурент. Кто? Пока не понятно. Любовница Н.? Вряд ли. Вряд ли бы он притащил на работу любовницу. Молодой жене донесли бы в секунду. К тому же Н. страшный трус. Какие любовницы? Друг или подруга? Ну таких привязанностей у него давно нет.

Второй вариант — Рина просто стала его раздражать своей активностью, уверенностью в своем профессионализме, а самое главное — она все про него знала и видела его насквозь. Просчитывала до копейки, знала все его слабые места. И ему это надоело.

Да какая разница, в чем причина того, что он ее слил? Выходит, это решение зрело. И просто нашелся удобный момент.

Получается, что после нее он уберет всех остальных — ее сотрудников, ее команду. Лизу Прошкину — умницу великую. А у Лизы ипотека и кредит на машину. Сашу Завьялову. У той нездоровый ребенок. Ларису Георгиевну, с ней Рина вместе сто лет. У той, одинокой и бессемейной, девяностолетняя лежачая мама, и половина жалованья уходит на сиделок. Шурик Самойленко собрался жениться. Герман Иванович помогает дочери-вдове поднимать внуков. Ирадка Абассова — хоть и молодая девка, а совсем больная, на инсулине, куча болячек. Рина всегда ее прикрывала и отпускала — Ирадка классный специалист и отличный маркетолог. Ну и Эдик, конечно. У этого тонкая организация и психопатический склад характера. Чуть что — впадает в депрессию. Кажется, пару лет пьет антидепрессанты.

Что с ними будет? Нет, молодые еще ничего. Куда-то устроятся. А вот Герман, Лариса и нервический Эдик?

Всех она, Рина, потянет за собой. А сама она, конечно же, устроится. С ее-то резюме и опытом работы не пропадет. Да и деньги отложены — приличные, между прочим.

Конечно, у нее была ого-го какая зарплата! При всех ее тратах, покупках и путешествиях, при ежемесячной помощи маме. При сумочках за три тысячи долларов, при брендовых тряпках, при квартире и при крутой машине она умудрялась не то чтобы откладывать, нет, это совсем не в ее характере. Просто ей удавалось все не истратить, при всем желании и абсолютной небрежности в этом вопросе. Рина никогда не знала, сколько денег у нее на счете и сколько на карточках. Иногда заходила в личный кабинет и удивлялась: «Ого! Кажется, старость моя обеспечена».

Но по правде, о старости она не думала. Как и о деньгах. Жила, нырнув с головой в работу, в главное дело своей жизни. Любимое, незаменимое и самое интересное. Думала: «А ведь я счастливица. Сколько людей впадают с тоску при одном упоминании о работе? А я, просыпаясь и сладко потягиваясь, улыбаюсь: на работу! А в пятницу настроение портится: целых два дня безделья. Тоска».

Дура, конечно. Но так оно и есть. Конечно, будь у нее муж и дети, все было бы иначе.

Но не случилось. «Нет, ухожу, — в очередной раз подумала она. — Пару месяцев отдохну, отваляюсь, куда-нибудь съезжу, например на теплое море, навещу наконец свою легкомысленную матушку, почти два года не виделись. В общем, приду в себя. А уж потом начну искать работу. Обзвоню знакомых, приятелей. В конце концов, переступлю через себя и повешу объявление на рекрутинговом сайте. Только даже при самом радужном развитии ситуации кем я пойду? Рядовым сотрудником? Клерком? Ведь ясное дело, ни о какой высокой должности не может быть и речи. Во-первых, все давно и прочно занято. А если случайно свободно, уж точно поставят своего, проверенного, а не чужака и конкурента. А во-вторых, в нашем бизнесе все друг друга знают. Найдется ли смельчак, кто возьмет ее после конфликта с Н.? Захочет ли кто-нибудь нажить себе смертного врага? Вряд ли. Если только в отместку, назло».

Но решено. Обратного пути у нее нет. Завтра девятины и кладбище. Сегодня — готовка. Сейчас она встанет, выпьет чаю и пойдет помогать Валентине. Хороший она человек, эта тетя Фрося.

Определенно хороший.

* * *

Валентина уже вовсю хлопотала. В огромной кастрюле попыхивал и булькал холодец, распространяя аппетитные и пряные запахи лаврушки, душистого перца и вареного мяса. В большом тазу, накрытом чистым полотенцем, у печки, в самом тепле, поднималось тесто на пироги и тоже распространяло замечательный, чуть кисловатый запах.

Валентина ловко и быстро стучала ножом — рубила капусту на начинку.

— Ну, помощница, — улыбнулась она, — готова к подвигам?

Валентина ни о чем ее не расспрашивала, и Рина оценила ее такт и чуткость.

Она резала яйца в пироги, стругала винегрет, мешала морс из клюквенного варенья, и — странное дело — в этих хозяйственных непривычных ей и даже приятных хлопотах боль и тоска отступали.

К вечеру обе рухнули — устали. Спешно доели остаток щей. Рина не удержалась и ухватила еще горячий пирожок. Увидела, как Валентина улыбнулась. «Переживает за меня, — удивилась Рина. — Совсем чужая женщина, а переживает». Напились чаю с вишневым вареньем и постановили, что надо отдохнуть, отлежаться. А там опять хлопоты — разбирать и разливать студень, почистить селедку, нарезать колбасу, хлеб, накрыть на стол. На кладбище поедут рано утром, Мишка и Пашка собирались приехать к восьми. А с кладбища все вернутся голодные.

Рина с удовольствием легла и вытянула ноги — болели спина и плечи. «Не привыкла я к домашней работе, — подумала она. — А это ого-го какой труд! Не было у меня ни в детстве, ни в молодости, а также и в зрелости ни домашних пирогов, ни холодцов».

Уснуть не удавалось, мысли роились в голове, и снова подступали злость, обида и жалость к себе. «Господи, ведь мне хорошо за сорок, а я все жду справедливости». Потянулась к телефону, включила. Там было пусто — ни эсэмэс, ни пропущенных звонков. Не было и писем — ни одного. Словно она, Рина Александровна Корсакова, исчезла из жизни. Была, и нету — стерли резинкой. «Ну и черт с вами, трусы. Боитесь за себя, ну и правильно», — пробубнила она и, как ни странно, уснула. Проснувшись, глянула на часы и подскочила. Ничего себе! Почти десять вечера! Получается, она спала почти три часа. Не спала — дрыхла! Дрыхла, как сурок! Быстро одевшись, смущенная, влетела в комнату. Валентина по-прежнему хлопотала у плиты. Рина извинилась, та махнула рукой:

— О чем ты, господи? Спала, и хорошо, слава богу! Знаешь, как мой дед говорил? Сон, он все лечит. Сиди отдыхай. Я почти все доделала. Выпей чаю с ватрушками — вон, еще теплые.

Рина попробовала возражать, но смирилась. Уселась на диван, поджала под себя ноги, укрылась старым оренбургским платком и стала пить чай с ватрушкой. Ватрушка, надо сказать, оказалась восхитительной.

— Как же вкусно! — застонала она. — Просто божественно!

Хозяйка усмехнулась:

— Спасибо, знаю. — И на минуту застыла. — Санечка очень мои пирожки любил. Но я пекла редко — нельзя ему было, вредно. Только на праздники.

Окончив дела, Валентина сняла передник, вымыла руки и наконец села в кресло.

— Меня дед воспитывал, — начала она. — Дед Андрей. Хороший был человек. Учитель. Мудрый, спокойный, выдержанный. А красавец какой! Показать фотографии?

Рина кивнула. Ей и вправду стали интересны эта женщина и ее семья.

Валентина достала большой, тяжелый альбом в потертом вишневом бархатном переплете и села рядом с Риной.

— Вот, погляди. Не соврала?

С фотографии на Рину смотрел крупный и, видимо, высокий, даже мощный, мужчина в круглых очках без оправы, с короткой, аккуратно подстриженной бородкой. Типичный разночинец и интеллигент. Небольшие светлые глаза смотрели пронзительно, изучающе — прожигали насквозь. Чуть поредевшие волосы, залысины на высоком покатом лбу, крупный, прямой нос и упрямые, плотно сжатые губы.

— Огромным был, высоченным, под два метра. Шел по улице и был виден издалека, — продолжала Валентина. — А бабулька, — она улыбнулась, — маленькая была, кругленькая, как колобок, до груди ему еле доходила.

Валентина достала другую фотографию. Маленькая — это было очевидно, — полноватая женщина в простом ситцевом темном платье, в белом платочке и в огромном переднике явно смущалась, глядя в объектив.

— Бабулька, — повторила Валентина. — Марья Петровна.

— И мою бабулю Марией звали, — тихо сказала Рина. — Но все ее называли Мусечкой.

Валентина внимательно, словно видя впервые, разглядывала фотографию бабушки.

— Она глухонемая была, наша Марья Петровна. В детстве чем-то переболела и оглохла. Почти оглохла — слышала чуть-чуть, в основном читала по губам. Ну а потом постепенно и речь потеряла. Так обычно бывает. Конечно, ее не лечили, кто в те годы лечил в деревне? К тому же семья была большой, семеро детей. Одна глухая — и ладно. Да и работала она справно, все успевала. Не дочь — золото. И хорошенькая была, белокурая, белокожая, голубоглазая, улыбчатая, терпеливая и веселая, всегда улыбалась. Конечно, родители понимали, что замуж Марусю никто не возьмет. Кому нужна глухая жена? А тут в их селе объявился учитель, Андрей Иванович Коротков. Высокий, красивый, образованный. Приехал в село из города, из Воронежа, грамотность развивать. Для деревенских — почти столичный житель.

Маруся в школу не ходила — что делать в школе глухонемой? Учитель увидел маленькую Марусю и стал возмущаться, ругаться с ее родителями: как так, ребенка и не учить? И победил — стал заниматься с Марусей отдельно. Научил буквам и цифрам. Глухонемая оказалась толковой, быстро все схватывала и обучилась читать и считать. А со временем и немного говорить научилась — так, невнятно, птичьими звуками. Но дед ее понимал. Ну и влюбились они друг в друга, оба молодые. Учитель был старше Маруси на девять лет. Да разве это помеха? Словом, попросил он у Марусиных родителей благословения, и они поженились.

Ох, как костерили учителя на всех углах: и дурак, и болван — столько девок красивых вокруг! А он взял малютку, да еще и глухую! И что он в этой Маруське нашел? Никто не понимал молодого учителя.

А они были счастливы. Когда такая любовь, то понимаешь друг друга без слов. Хорошо они жили, — помолчав, добавила Валентина и улыбнулась. — Дед смеялся: это оттого, что Маруся моя ответить не может! А если б могла? Уверена, что, если бы его Маруся могла говорить, жили б они точно так же.

Потом родилась моя мама и следом, через два года, мамин брат, Петечка. Это я по Петечке, дяде своему, Петровна — так дед решил. В память. В общем, счастье — дети! Такие хорошие, умненькие и спокойные. Но радость, как известно, долгой не бывает, на то она и радость. — Валентина тяжело вздохнула. — Заболел маленький Петечка. Заболел гриппом, обычным гриппом, все они тогда переболели, а осложнения случились только у него. Ножки отказали. Конечно, возили в город, даже в Москву. В больницах с ним лежал отец, какой толк от немой матери? Та даже с врачами объясниться не могла. Снимала поблизости от больницы койку — именно койку, не комнату и не угол, на это денег не было, — готовила им там на примусе: супчики варила, кисельки. Петечка ел плохо, совсем слабенький был. И мама моя, их дочка, с ними моталась. А куда ее девать? Ни бабок, ни дедов уже не было. В общем, ничем Петечке не помогли. Сох мальчик и умер в тринадцать лет. До самой смерти дед носил его на руках — в туалет и в баньку, помыться.

И гроб Петечке сам сколотил — никому последнюю домовину его не доверил. Сам сколотил, сам оббил. Нашел в клубе бордовый плюш и оббил. Говорил, что так будет ему теплее, под толстым плюшем.

Словом, горе. Огромное горе. Все страдали, а слег крепкий дед. Слег и не захотел подниматься. Подняла его бабулька, а до того таскала на себе, как тюфяк или мешок с картошкой. Мне кажется, он и встал, потому что ее пожалел. Совсем у нее руки отваливались, даже белье отжать не могла.

Рина слушала как завороженная. Нет, понятно, чужая судьба всегда интересна. И каждая, почти каждая, как хорошая книга или кино. Но эта история ее потрясла. Какие судьбы, сколько горя, господи...

И сколько любви.

А Валентина продолжала:

— Словом, дед Андрей поднялся и вернулся в школу. Как-то жизнь стала налаживаться, все постепенно входило в свою колею, дед работал, Маруся вела хозяйство, мама росла. А потом деда взяли. Пришли прямо в школу и арестовали на глазах у детей. Отсидел он три года — повезло. Сталин сдох, вот и повезло. Слава богу, вернулся живым! Без зубов, почти слепой, руки скрюченные от артрита — работали на лесоповале, морозы страшенные. Но живой! Счастье было, конечно. Только работать по хозяйству дед уже не мог, все тащила Маруся. Но ей не привыкать. Дед снова вернулся в школу, и его даже поставили директором. Мама росла и выросла. Уехала в Воронеж поступать в педучилище. Поступила, дали угол в общежитии. А через год влюбилась, забеременела, а женишок-то слинял, позорно слинял, как только услышал такую новость.

Мама хорошенькая была. Лицом в мать, а статью в отца — высокая, стройная, длинноногая, синеглазая, белокурая. Русская красавица, в общем, таких на картинках рисуют. Куда ей деваться? Из общежития грозили выселить — зачем им младенец? Собрание объявили, поносили ее как могли: аморальное поведение, комсомолка, будущий учитель, ну и так далее. Все глаза, бедная, выплакала. Родителям сообщить не решалась. Думала, уйдет из училища, снимет угол, устроится работать, мыть полы или еще что, родит, а там как-нибудь!

Из училища ушла, угол сняла. Устроилась в детский сад нянечкой. Там хоть голодной не была, остатки за детьми подъедала. И все плакала, плакала, говорила, что все ресницы от слез выпали. Да не от слез, понятно, — от стресса.

В деревню носа не казала, боялась, все отговорки придумывала. А родители поняли, что-то с девкой не так — на каникулы не приезжает, — и дед рванул в город, в Воронеж. Пришел в училище, а там разводят руками: ушла, документы забрала, где есть, не знаем! Хорошо, одна девочка его в коридоре поймала и шепнула про дочкино положение. Дед аж взвился: как так? Как нам не сообщили? Как позволили беременной девке на улицу? Как адреса нет? Словом, разнес их в пух и прах, до районо добрался, уж получили в этом училище по заслугам. А маму он искал долго, три дня, весь город обошел. Хорошо, что провинция, Воронеж. А если б она в столицу уехала? Нашел и выдохнул. Сел на табуретку и заплакал: «Что же ты, дочка? Или мы тебе враги?» Он плачет, мама ревет. А пузо уже на носу. В общем, забрал ее дед домой. Маруся расплакалась, но дочку обняла.

Отмыли ее в баньке, накормили и спать уложили. Всю ночь мама плакала, теперь уже от счастья, что дома и что скрываться и врать больше не надо. Ну и в срок появилась я. Ох, как же меня дед с бабкой любили. Спала я в их комнате, даже на ночь маме меня не отдавали. Если плакала, именно дед носил меня на руках. Тетешкался, играл, даже кормил. Говорил, что только с моим рождением дом ожил и они пришли в себя. Называл меня Радочкой — от слова «радость». Не Валей, не Валюшкой, а Радочкой. Детство у меня было счастливое, теплое. Но до поры. Пока мама моя не сбежала в город. Написала записку: «Простите, мои родные, и не держите зла! Не могу я здесь, задыхаюсь! Хочу в город, учиться. Хочу профессию получить и судьбу свою женскую устроить. А здесь, в деревне, этого не случится. За Валю я спокойна — с вами ей будет лучше, чем со мной». Ну и опять «простите» и «буду писать».

Дед с бабкой погоревали и успокоились. «Слава богу, Радочку нашу не забрала!» — приговаривал дед.

Так и стала я жить с дедом и бабулькой, без отца и мамы. Но плохо мне не было, нет! Хотя по маме, конечно, тосковала. Летом и речка, и лес, куда мы с ребятней бегали. Зимой санки и лыжи. Дед у школы горку заливал — высокую, метра в три. Но зимой дни короткие, на улице не задержишься. Да и холодно. Зимой мы с ним читали. Вернее, читала я, вслух — дед был уже почти слепой. Сядем все трое за столом после ужина, зажжем лампу с зеленым абажуром — ту, что у тебя в горенке стоит. Маруся больше всех любила Диккенса — страшно, а слушает. Глаза с блюдца, дышит часто, но руками машет — давай дальше! Дед говорил, что она все понимает. Я, конечно, читала медленно, по складам — чтобы Марусеньке было понятнее по губам различать.

А дед любил Куприна, Гоголя. Гончарова любил. Марусенька под них засыпала. Вот так мы проводили зимние вечера. На столе остывал самовар. В миске лежали Марусины пирожки. И знаешь, Иришка, не было у меня времени счастливее.

Помолчали. Рина подумала: «А с Валентиной хорошо было молчать».

— Приезжала мама — красивая, нарядная, пахнувшая духами, — продолжала свой рассказ Валентина. — В городе она окончила торговый техникум, работала в магазине заведующей. Удачно вышла замуж за инженера, родила вторую дочь. Словом, все с ней было нормально и даже очень хорошо. Конечно, привозила подарки — и вещи, и всякие вкусности. С собой увозила картошку Марусину, синеглазку. Ничего нет вкуснее. Сало увозила, яички свои. Кур и уток забитых. С собой меня звала, а как же: «Поедем, Валечка! Там город, красота! А сколько всего? Театр, музей. Цирк приезжает! А магазины! Один «Детский мир» чего стоит!» Завлекала меня, соблазняла. Я долго сопротивлялась. Три года. И сломалась, соблазнилась — ребенок. — Валентина замолчала, словно прислушиваясь к себе.

— И что? — не выдержала Рина. — Прижились в городе?

Та улыбнулась:

— Да нет, не случилось. Три месяца выдержала и — опять к деду и к бабульке, в деревню.

Господи! Приехали мы, вылезла я из грузовика, огляделась и как разревусь! Стою и плачу как дура. А дед с Марусей меня утешают. И лица у них светлые, счастливые. Молодые. Как же они были счастливы! Да и я тоже.

— А мама? — тихо спросила Рина. — Обиделась?

— Наверное, ей все это тоже было не сильно приятно, — задумчиво проговорила Валенитина. — Дочь сбежала от родной матери. Но, я думаю, в каком-то смысле она вздохнула, ей стало легче. — С мужем ее мы не ссорились, человеком он был незлым и, видимо, неплохим. Но не сблизились — ни ему, ни мне это было не нужно. К тому же он над дочкой своей умирал, над моей единоутробной сестрой Наташей. Просто трясся весь от любви. А я в эти минуты деда и Марусю вспоминала, как они надо мной тряслись и меня любили. Ну и завидовала, конечно, по-детски. Нет, мама старалась меня приобнять, пожалеть. Но я понимала, что и она от меня отвыкла. И маленькую Наташу любит больше меня.

В общем, я вернулась, и мои старики расцвели. И я расцвела — бегала на речку и в лес, играла с друзьями. Забегала домой только поесть — и опять во двор, на улицу, на свободу. Все надышаться не могла вольным воздухом.

Любовалась природой нашей. Вставала на пригорке, распахивала руки, закрывала глаза и думала: «Ах, какая же я счастливая! И ни за что больше отсюда я не уеду!»

Валентина вдруг опомнилась, захлопотала:

— Чаю еще будешь или спать? Заговорила я тебя своими глупостями. Сама удивляюсь. Ведь не болтливая вроде, а тут понесло.

— Нет, нет, что вы! Мне очень интересно, — горячо заверила ее Рина. — А дальше? Дальше что было?

— Дальше? А дальше, девочка, была жизнь. — Она снова присела на край стула и подперла голову ладонью. — Школу я окончила, а вот в техникум в город не поехала — Маруся заболела. Крепкая была, здоровая, а надорвалась. Слегла наша Марусенька и вставать не желает. Дед сказал, что она жить устала. Просто устала — и все. И перестал ее тормошить и мне не велел трогать. Я ее кормила, но ела она плохо, еле-еле, по две ложки жидкого. И все в потолок смотрела, как в телевизор. Или спала. По весне дед стал выносить Марусю на улицу, на крыльцо. Расстелит коврик и сажает ее. А сил у той совсем нет — спина не держит. Тогда он своим плечом ее поддерживал. Так и сидели, как сиамские близнецы. Я в окно на них гляну и реву, реву. Господи! Самые родные люди, ближе и любимей нет. Вот Маруся уже на полпути *туда*. А следом и дед уйдет. Сколько он без своей Марусечки протянет? И останусь я одна на всем белом свете. Мама с Наташкой не в счет — у них своя жизнь, они далеко.

Летом Маруся ушла. На людях и при мне дед не плакал. Плакал он по ночам. Выл в подушку, как волк. Я даже уши ватой затыкала, чтобы не слышать и с ума не сойти.

Ну а через два года он ушел следом. Умер во сне, под утро. Я как почувствовала. Вернее, услышала — тихо. Обычно дед похрапывал, как все мужики. Подошла к нему и все поняла.

На похороны и мама приехала, и Наташка.

Похоронили мы деда, и мама стала меня уговаривать уехать с ними. А Наташка все хмурилась. Я видела, что она этого не хотела. И правильно! Кто я ей? Чужой человек. А там две комнатки, говорить не о чем. Получалось, что меня подселят к ней. Ну и зачем ей это? И я видела, как ей полегчало, когда я отказалась.

После выпускного я стала работать в поселке, в администрации. Секретарем. Дедова ученица меня туда пристроила. Хорошая работа была, непыльная. Только через четыре года ушла моя начальница, а новая взяла в секретари свою племянницу. Выжили меня, одним словом. А тут Нинка моя в санаторий устроилась, в столовку, помощником повара, а точнее чернорабочей. Овощи перебирать и чистить, кастрюли и баки мыть. Но довольна была — нет слов! Я понимала — подкармливалась. Основное, конечно, брали повара, потом официанты, но и простым рабочим тоже перепадало. По мелочи, и все же — то селедку дадут, то яиц. А то масла кусок. Нинке же тяжело было детей тянуть. Муж ее пил, поди прокорми эту ораву!

Ну и меня туда стала звать. Соблазнять, короче. Я отказывалась, на кухню идти и брать не хотела. А там, она говорила, без этого нельзя — сразу решат, что ты стукачка.

А тут в декрет ушла сестра-хозяйка. Ну и тогда я пошла. Хорошая была работа. Сижу в своей каморке, белье сортирую. Склад у меня был — подушки, одеяла, матрасы и прочее. Но никто не трогал, начальство не лезло, и я весь день была одна, наедине с собой.

Кормили нас, сотрудников, хорошо, так что и сытая была, и при какой-никакой зарплате. В общем, мне хватало, как понимаешь. Какие у меня там расходы? — Валентина отхлебнула остывшего чая. — Ну совсем я тебя замучила? Иди спать, Иришка, иди! Завтра, — она вздохнула, — у нас с тобой тяжелый день.

— Не усну, — отозвалась Рина. — Точно знаю, что не усну. Я здесь у вас за всю жизнь выспалась.

Да и вообще, — она погрустнела, — куда мне теперь торопиться? Я теперь безработная, спи себе и спи. До второго пришествия. — И встрепенулась: — Валя. А вы, простите, ну... — Она замялась. — В смысле романы там... замужество... Вы ведь такая красавица! Не может же быть, чтобы...

Валентина ее перебила:

— Может! Вернее, замужем я не была. А романы... — Она улыбнулась. — Да и романов, по сути, не было. Так, ерунда. Да, — оживилась и порозовела она, — знаешь, кто смолоду мне прохода не давал? Мишка! Да-да, представь себе, Мишка. С шестого класса за мной ходил, как телок привязанный. Деваться от него было некуда. А уж в восьмом под окнами ночевал. Дед его гонял, а все без толку. Куда я, туда и он. Замуж звал после школы, в армию ушел, просил ждать его.

А я правду сказала:

— Не-а, не буду, Миш. Ты же знаешь.

А Антонина давно его любила, тоже со школы. Страдала, бедная. Ревновала. А Мишка, гад, на нее ноль внимания. А когда в армию ушел, мать у него заболела, тетя Галя. И Тонька стала за ней ходить, лучше дочери. Ночевала, кормила, за двором их следила. В общем, готовая невестка. И не просто невестка, а золото! Письма

Мишке писала, посылки собирала. Даже поехала к нему за сто верст, служил этот дурак на Дальнем Востоке. Приехала, а он морду скособочил — дескать, чего приперлась? Тонька неделю ревела.

Ну а потом он вернулся. Тетя Галя ему все и выложила:

— Лучше жены не найдешь, в ноги ей кланяйся, а Вальку свою забудь. Ничего тебе там, сыночек, не светит. А потом Тонька и залетела. Ну и... сама понимаешь. В ночь перед свадьбой этот дурень напился и стучит в окно: «Вааааль! Выйди, а?» Что делать? Ведь деревню всю перебудит. Вышла. Стоит, пьяный дурак, шатается. Сопли со слезами по лицу размазывает: «Валька, ты только скажи! Одно твое слово — и свадьбу отменю. Не люблю я Антонину — и все! И жизни у нас с ней не будет».

— И у нас с тобой не будет, — говорю я. — Потому что, Мишка, не люблю я тебя. Иди выспись. Как в сельсовет с опухшей мордой? Иди.

В общем, прогнала я его. И на свадьбу, конечно, не пошла. Нервная была свадьба, люди рассказывали. Тонька, бедная, у сельсовета топталась: придет не придет. Бледная была говорят, с синячищами под глазами. И пузо торчком. Но тетя Галя дурака своего привела, как бычка на веревке. А после, в столовой, сидела рядом — караулила, чтоб не напился и не сбежал. За руку держала.

— Ну а потом? — нетерпеливо, как ребенок, которому прервали сказку, спросила Рина.

— А что потом? — удивилась Валентина. — Потом, Иришка, жизнь дальше пошла, вернее побежала. Сын у них родился, Максимка. Первенец. Мишка к сыну прилип, заобожал. Потом второй, Сенька, Семен, в честь Мишкиного папаши назвали. Ну тут совсем Мишка пропал — с коляской по поселку ходил, народ смешил. Тонька и успокоилась.

— А вы? Вы с ней продолжали дружить?

— А что мне? — удивилась вопросу Валентина. — Мне с ней делить было нечего. Нет, все у них потом хорошо пошло. Тонька в кафе стала работать, сначала официанткой, потом директором. Ну а потом, в девяностые, выкупила это кафе и стала хозяйкой. Ну тут уж совсем богато зажили, за границу стали ездить, на моря. Мишка в город ее тянул, дескать, квартиру купим, переедем. А она ни в какую: «Где еще я столько заработаю?» И это правда.

— И все? — спросила удивленная Рина. — Ну, в смысле... мужчин. Вы уж простите, что я на вашу территорию, так сказать...

— Да какая там территория? — рассмеялась Валентина. — Нет ее, почитай, территории! —

И с тяжелым вздохом добавила: — Один Саня, твой отец, моя территория. Уж прости. — Но снова улыбнулась: — А, про Ваську тебе забыла рассказать! Был там, в санатории, такой... Васька. Красавец мужчина. Да уж... — Валентина помолчала. — Красавец, с этим не поспоришь. Высокий, широкоплечий. Быстроногий. Бегал, как молодой лось. Шустрый, короче. Кудрявый, черноглазый. Как цыган какой. Электриком работал. Холостой. Ну девки, конечно, сама понимаешь, увивались за ним. Мужики-то всегда в дефиците, особенно непьющие. А Васька не пил. Так, по праздникам. А что это для сельского жителя? Ничего. Короче, в трезвенниках ходил. Ну и начал... подкатывать. То да се, Валь да Валь. Придет ко мне в комнатку и сидит. «Пошли погуляем», — зовет. Я долго отказывалась. Долго. Ну а потом Нинка с Тонькой как наехали! Трактором просто. Иди да иди! Хватит в девках сидеть! Уж пенсия на пороге, а она все в девках. Хороший ведь парень, красавец. Не пьянь подзаборная. Особенно Тонька старалась, — Валентина рассмеялась, — все сватала меня. Конечно, ей так было бы спокойнее. Все равно она из-за Мишки нервничала. Замуж меня хотела отдать. В общем, я согласилась, замучили меня мои свахи. Пошла с ним гулять. Ох, гуляем, гуляем. А я домой хочу! Только и думаю, как от него отвязаться. А девки мои рвут и мечут — опять иди, не вздумай отказаться. Убьем! Если не Васька — все, кранты. Можешь крест на себе поставить. Нет больше мужиков, нет. Или совсем дерьмо подзаборное. Ну я и подумала, а ведь правда, нет мужиков. Хотя... вроде и мне не больно надо. Замуж я не рвусь. Дети? Да, ребеночка хочу, что говорить. Только... как от нелюбимого? А девки мои за свое: «А ты полюби! Ишь, цаца какая! Да за Васькой этим все девки бегают! А она мордочку набок!» В общем, правы они, думаю. Надо попробовать. Полюбить в смысле. Только вот как? Я ж не знаю, опыта у меня никакого. К тридцати годам, а как дурочка. Только с Васькой и целовалась по-настоящему. — Валентина умолкла, словно вспоминала о чем-то — Да... Целовались. А дальше — ни-ни. Не пускала я его. Нет, не выдерживала. И какую-то там из себя не строила. Просто не хотела — и все. Вроде и целоваться с ним не противно было... Но и радости большой не испытала. Так, ни о чем. А потом... — Валентина вздохнула и отвела глаза. — Потом... ну... сподобилась. Настроилась — и как в омут головой. Подумала, да черт с ним! Главное — ребеночка завести! А там и пошлю его, Ваську. Пусть другие любуются. Ты уж прости, Иришка, что о таком говорю. Стыдно. Тетка немолодая, а туда же. Словом, стал ко мне Васька этот в ночь ходить. — Валентина резко встала со стула, схватила пустые чашки, хлеб, варенье и стала быстро убирать со стола. Повторила: — Прости, Ир. И куда меня понесло? Глупости какие болтаю. Совсем из ума выжила! И кому — тебе, девочке!

— Девочке! — в голос рассмеялась Рина. — Ну да, девочке! Ох, нашли девочку! Бабе за сорок, и нате вам — девочка!

Валентина бросила на стол кухонное полотенце и резко села.

— Одним словом, Ир, не о чем говорить! Через месяц я поняла, что никакой Васька мне не нужен. Так поняла, что выставила его. Одним днем выставила. Да так, что он больше не сунулся, Васька этот, красавец. Значит, доходчиво объяснила, получается. Понимаешь, — Валентина, поборов смущение, подняла на Рину глаза, — я такое видела, в смысле деда и Марусеньку. Всю любовь их, всю жизнь! Как два голубка, от первого дня до последнего! Дед ведь каждый день к ней на могилу ходил, ни дня не пропускал, до самой смерти, в любую погоду — дождь ли, метель. Подолгу там сидел, говорил: «Я с Марусенькой разговариваю, чтоб ей, моей миленькой, не скучно было». А когда тяжело стало ходить, не за себя переживал, за нее:

«Как она там одна? Сходи, Радочка! Поговори с ней! Наверное, совсем она загрустила». Ну я и ходила — взаместо деда. Поняла, о чем я? — Валентина в упор посмотрела на Рину и повторила: — Поняла?

Та молча кивнула.

— Я и подумала, — продолжала Валентина, — не встречу такого, как дед, ну и бог с ним. Значит, не судьба. Но просто так, чтобы просто за мужиком быть — нет, не хочу. Так и решила. Вот так все и вышло. — Валентина прихлопнула ладонью по столу и улыбнулась. — Выгнала я Ваську, а потом встретила своего Санечку. Выходит, оказалась права.

Рина опустила глаза и повторила за Валентиной:

— Выходит, права. Да нет, точно права.

— Вот и я о чем! — с радостью кивнула та. — Жить надо с любимым, Иришка! На мелочи не разменивать. Иначе... какой смысл во всем этом? — И спохватилась: — Ну все, хорош! Спать, спать! Не встанем ведь завтра.

«И вправду, хорош, — согласилась про себя Рина. — На сегодня уж точно». А ночью думала: «Да, все так. Валентина права. Но... как-то по-детски все выглядит: умри, но не давай поцелуя без любви. Детский сад, ей-богу! А может, она прикидывается? Прямо картинку нарисовала.

Святая Валентина, ага. Ни Мишку ей не надо, ни красавца электрика. Просто ангел, а не женщина! Подруги давно замужем, детей нарожали, а она все ждет принца на белом коне! Ждет и верит. И, что самое смешное, дождалась. Вот бы мама посмеялась: наш отец — принц на белом коне! Нет, как-то не верится, если честно. Все тетки хотят побыстрее устроить свою жизнь, все хотят замуж, а уж в деревне подавно. Хотят детей. Впрочем, а я? Нет, замуж, допустим, я все же хотела в молодости, правда, недолго. А вот детей... Да, наверное. Но не так, чтобы родить вне брака, просто для себя. Не решилась ведь тогда с Вадиком. Выходит, не очень мне было и надо. Родить и воспитывать одной? Такое и в голову не приходило». Она вспомнила, как побежала на аборт, как только узнала. К тому же рассчитывать было не на кого. На маму? Да не смешите. А потом она делала карьеру, зарабатывала деньги. Тогда все и началось. Все умные тогда зарабатывали, времена были такие. И ничего интереснее этой ее стремительной карьеры не было. Деньги, власть, статус. Свобода! Вот что было самым главным — свобода и независимость. Вот это Рина не поменяла бы ни на что.

Нет, об отсутствии детей Рина не печалилась: нет, значит, нет. Да и много ли радости от этих детей? Кажется, одна головная боль, головняк, как говорит Эдик. Зато сложилось со всем остальным — небедная женщина с состоявшейся карьерой. Тоже немало. Карьера? И где она теперь, ее карьера? Ку-ку. Попрощайся с карьерой, дорогая Рина Александровна! Ты теперь безработная.

Вспомнив об этом и, кажется, наконец осознав до конца все, что произошло, она замерла от ужаса. Как теперь жить, господи? На что? Увлеклась деревенскими сплетнями, пустыми разговорами — Мишка, Тонька, Нинка. Пашка какой-то. Матрасы, подушки, ватрушки. Картошка в огороде, грибы в лесу, ягоды на болоте. Господи, какая чушь! Где она, Рина, и ее жизнь и где все это?

Ну, хоть отвлекалась... уже польза. Правда, работу из-за своего самовольного отъезда потеряла — знала ведь, что Н. взбесится! Ну и черт с ним.

Разве она могла не поехать?

Не удержалась и проверила телефон. Пусто. А от кого, собственно, ты, дорогая, ожидала звонка? От Эдика? Да ты вон как на него наорала, а он парень пугливый и осторожный, понимает: поддержит, попрет против Н. — все, пропал. Потеряет работу. А у него, между прочим, ситуация тоже не сахар. Коллеги по отделу? Да не смеши! Все трясутся за свою шкуру, и все боятся остаться на улице. И людей, между прочим, можно понять! Понять-то можно, но вот принять это сердцем... Начальницей-то она, к слову, была строгой, но, кажется, справедливой. По крайней мере, за своих всегда заступалась. Да, обидно... ждала поддержки, если честно. Ждала.

Мама? Ну тут ждать поддержки не стоит. Когда Рина сказала Шурочке о смерти отца, та восприняла новость весьма равнодушно.

— Умер? — с удивлением протянула Шурочка. — Надо же! Такой молодой! Жалко, да. Но что уж поделать — двум смертям, как говорится, не бывать.

Рина в тот момент от удивления онемела. Да, мама имела такое свойство — удивлять. Свою мать Рина, кажется, знала вдоль и поперек, но всякий раз искренне недоумевала — как так можно? Шурочка даже не перезвонила. Хотя, казалось бы, так естественно: позвонить и спросить, как все прошло и как чувствует себя единственная дочь.

И снова Рина разозлилась на себя: «Ну сколько можно, сколько? Ты ведь взрослая девочка, все и про всех понимаешь. Неплохо знаешь эту жизнь. Прошла через огонь и воду. И даже через медные трубы. И вот на тебе, разнюнилась — коллеги предали, мама не позвонила. Жалеешь себя и куксишься. Ну, как ты учила других? Сбросить проблемы, как старое пальто, — и вперед! Да, советы давать легко. Вот теперь сама попробуй!»

Вспомнились еще слова Маргошки: «Ты ж понимаешь, подруга! Наш милый Н., друг беззаботной юности, выкинет нас на помойку в ту самую минуту, когда мы перестанем быть ему нужны. Выжмет, как половую тряпку, и выкинет».

Рина, дура, тогда еще спорила — нет, не выкинет. Все-таки общее дело, вместе через такое прошли! Нет, он, конечно, сволочь. Но чтобы так с ними?

Она ворочалась с полчаса и потом, слава богу, уснула. Проснулась от звона посуды, глянула на часы — ого, половина восьмого! Надо вставать. Полчаса на сборы — и вперед.

Валентина, в повязанном по глаза черном платке, с плотно сжатыми губами и сдвинутыми бровями, мыла чашку. Увидев Рину, кивнула:

— Чаю попей, и поедем. Пашка звонил — через десять минут будет здесь.

Рина наспех выпила чаю, быстро оделась.

Вышли на крыльцо, и, завороженная, Рина подумала: «Господи, погода-то какая! И не поверишь, что вторая половина октября!»

Даже в девятом часу было солнечно и тепло, градусов восемнадцать, не меньше. Казалось, осень передумала и отступила — зазеленел лес, и даже поле не казалось теперь заброшенным, грустным, пустым и грязно-желтым. Теперь оно светилось нежно-золотистым светом, словно присыпанное луковой шелухой. И речка, пару дней назад тускло-серая, с холодным металлическим отливом, теперь была серебристой, густо-синей, проснувшейся. Большеголовые пестрые георгины приосанились, приподняв тяжелые, готовые недавно осыпаться пестрые головы.

Рина зажмурилась и расстегнула куртку — ничего себе, а?

Валентина, видя ее удивление, грустно улыбнулась:

— Бывает. Бывает, и ноябрь стоит теплым, почти бездождливым, — южное направление. В иной год Саня еще в октябре ходил на реку, купался.

Валентина отвернулась и громко сглотнула.

И тут лихо подъехал Пашка, резко и громко затормозил и победно глянул на Рину.

Та с раздражением подумала: «Чуть забор не снес, болван. Мачо, блин. Выпендривается».

По дороге спешила Нина. Следом ковыляли Бахоткины, Лена и Ваня, ближние соседи. Лена держала в руках большой букет сиреневых астр. Пашка курил, прислонившись к капоту, и бросал загадочные взгляды на Рину.

«Чистый идиот, — подумала она. — Ополоумел, добрый молодец, первый парень на деревне! А что, завидный жених — собственный дом, собственный «пазик». Синие глаза и соломенный чуб. Короче, девки стонут и тащатся. Женишок-сиделец. А что, нормально, подходящая пара для безработной».

Тронулись. Пашка все так же залихватски поглядывал на Рину в зеркало.

Сначала ехали молча, с тревогой поглядывая на застывшую Валентину.

Ну а потом устали молчать и принялись перешептываться. Краем уха Рина улавливала все те же разговоры — печали о завалившемся заборе или сарае, беспробудное пьянство пастуха с гордым именем Аркадий. Конечно, звали его Аркашка-алкашка, какой уж там Аркадий! Снова что-то про непокорных и вредных невесток, никчемушных зятьев, капризных стариков, плохой урожай помидоров. И тут же начиналось хвастовство, сколько и чего кто закрыл, — Рина догадалась, что это про запасы.

Только Валентина участия в разговорах не принимала. Ну и Рина, конечно, тоже. У ворот погоста уже виднелась машина Михаила. У машины; затянутая в блестящий кожаный плащ, сняв темные очки и подставив лицо солнцу, гордо, как монумент, стояла важная Антонина.

— Загорает! — почему-то с осуждением зашептались бабы. Стало понятно, что богатую и успешную Тоньку местные не любили.

Сдержанно поздоровались и пошли «на место».

Снова шли гуськом, виляя по узкой тропинке вдоль уже знакомых могил, и Рина, удивляясь себе, отмечала: Витенька Глазов, четырех лет. Анна Ивановна Глагольева, упокоилась с миром в пятьдесят шестом, восьмидесяти лет от роду. Алла Базаркина, тридцати лет. Трагически погибла. Алла Базаркина с фотографии на памятнике из серого гранита смотрела задорно и вызывающе. Казалось, вот-вот, и она покажет язык. «Красивая, — подумала Рина, — и в таком возрасте, господи...» На минуту она затормозила, разглядывая полное, красивое лицо.

— Алка, — за Рининой спиной вздохнула Нина, — красивая была девка. И здоровая, как слон. На ферме работала, старшей дояркой.

— И что с ней случилось? — тихо спросила Рина.

— А повесилась, — буднично ответила Нина. — Муж загулял, она и повесилась. Любила его сильно, пережить не смогла.

— А муж? — тихо спросила Рина. — С ним что?

Нина удивилась и, кажется, не поняла:

— А что муж? — переспросила она. — Ему-то что? Это ж Алка повесилась, а он жив-здоров. Через месяц женился. Чего с ними, с мужиками, станется? Перешагнут и дальше пойдут.

— Ну не все же! — возразила Рина. — Есть же другие.

— Да? — с нарочитым удивлением переспросила Нина. — Интересно, а ты видела? Тебе, девка, кажется, тоже не попадались!

Процессия тем временем ушла далеко вперед, и они бросились ее догонять.

Ну вот и дошли. Валентина стояла у присыпанного холмика и гладила фотографию мужа.

Нина принялась раскладывать цветы. Женщины подошли следом за ней. Мужики курили в сторонке.

Наконец Валентина выпрямилась и огляделась.

— Погода-то какая! — вдруг улыбнулась она. — Красота! Как по заказу! Значит, Санечке здесь хорошо и спокойно.

Все дружно закивали и, радостно поддакивая, загалдели.

— Вот, Санечка! — Она обратилась к фотографии и осторожно провела по ней ладонью. — Видишь, какая погода? Прямо под наше свидание! Идите! — обернулась она. — Идите, я вас догоню! Постою еще тут, с Санечкой, поговорю с ним и догоню.

Все обрадованно закивали и с удовольствием двинулись к выходу. Рина отошла в сторону, решив подождать Валентину. Та, что-то отшептав мужу, увидела Рину.

— Иди, Иришка. Попрощайся с отцом! Уж не приедешь, наверное. — И отошла в сторону.

Смутившись, Рина кивнула. Подошла к могиле, долго всматривалась в лицо отца и наконец прошептала:

— Ну я пошла, пап? Извини, если что не так. И не волнуйся — у меня все хорошо. Если не сейчас, так в будущем. Я со всем справлюсь, ты меня знаешь. — Она выпрямилась и добавила: — А я, кажется, тебя, пап, поняла. Ты, пап, все сделал правильно. Не сомневайся! Ну, я пошла?

И вдруг ей стало так невыносимо грустно и горько, что слезы сами потекли по щекам. «Господи! Что может быть важнее, чем правильно выбранный путь? Чем человеческое счастье и душевный покой? А здесь, в деревне и с Валентиной, он точно обрел его, этот покой».

В эти минуты она наконец все осознала, прочувствовала и поняла: про отца, Валентину. Про их негромкую, правильную жизнь в согласии, в понимании, в любви. И эта женщина, Валентина. Как Рина ненавидела ее, как презирала: нашел деревенскую простую бабу, наверняка корову и дуру. Тетю Фросю. А Валентина оказалась другой.

«Папа, милый! Какая же я дура, прости! Вот ты, да. Смог. А я? Что моя жизнь? Ни детей, ни семьи. Полное одиночество. Работа? Да бросьте! Вот это точно величина непостоянная! Сколько лет отдано, брошено и потеряно! Я всегда думала, что это главное, созидательное, осязаемое. И никто у меня этого не отнимет. Боже, идиотка! Одним росчерком пера, из-за плохого настроения со мной было покончено. Царь распорядился — и все! Вся моя жизнь рухнула в ту же минуту. Все, к чему я шла эти годы. Все оказалось напрасно: потерянные нервы, усилия. Здоровье, наконец. Отказ от самого главного — личной жизни. Эта чертова работа забирала все! Все, понимаете? До дна. Или я лукавлю? Никто от меня этих жертв не требовал? Все я сама? Мой выбор, мое решение. Сама отказалась от главного, вечного и неразменного. Ах, подумайте — она отказалась! А кто тебя, собственно, просил? Вот именно, и не ври сама себе. Просто тебе работа была интереснее всего остального, и ты сама выбрала этот путь. Но, папа! — Она громко всхлипнула. — Пожалей меня, а? Мне так плохо, папочка! И даже некому об этом сказать. Маргошки давно нет. Мусечки нет. Нет и тебя... Мама? Да и ее давно нет в моей жизни. Никого, понимаешь? У тебя была Валентина. Ваш дом, чуть поскрипывающий пол, теплый бок печки. Пшенная каша в чугунке, которую ты так любил. Солнце, встающее из-за леса, — розовобокое, гладкое, как теплый блин. Речка твоя — серебристая и чистая, таких почти не осталось. Карасики твои, пескари. Грибы, крепкие, с бархатной шляпкой, на которую налипли травинки. Парок над вечерним полем. Ах, как ты все это любил! С каким восторгом и нежностью ты говорил мне об этом! А я? Я усмехалась! Я презирала все это, пап. Всю твою жизнь презирала. Я ничего не понимала, пап, ни-че-го! А судить бралась. Как можно уехать из города? Из своей квартиры с собственной ванной и горячей водой? От музеев, театров? От площадей и московских улиц? От меня, наконец. Твоей дочки. Папа! — Она вновь всхлипнула, как маленькая девочка: — У меня... ничего не осталось! Совсем ничего, пап! Ничего и никого. Абсолютная, бездонная пустота. Завтра я вернусь в город. В свою квартиру. Удобную, красивую, дорогую. И что? Я плюхнусь в итальянское кресло, мягкое и комфортное до невозможности, зажгу торшер, и что дальше? А ничего, пап. Только одиночество. Такое страшное одиночество, хоть волком вой. И завою, не сомневайся! А послезавтра? Нет, допустим, я высплюсь. Сто лет я не высыпалась. Буду спать до одиннадцати. До двенадцати даже! Неторопливо выпью кофе. Приму душ. И? И что будет дальше? Я же привыкла бежать! Бежать, торопиться. Бояться не успеть, опоздать. А сейчас торопиться некуда, все кончилось. Боже, как представлю свою новую жизнь, так колотит от страха.

Что мне делать, а? Как мне жить, пап? Завести собаку или кота? Уехать на полгода в путешествие? Найти, наконец, молодого любовника? Взять из приюта ребенка? Нет. Не выйдет. Вот на это точно не хватит смелости. Я привыкла отвечать только за себя, какой там ребенок! Да и боюсь я этого как огня, если честно, — годы. Вот такой итог, пап. Прости, если расстроила тебя. И еще... Папа! Мне жить не хочется, веришь? Просто совсем обесценилась жизнь. Как-то всё закончилось, что ли? А было ли? Это вопрос. Я знаю, что ты бы мне ответил:

«Дурочка ты, Ирка! Тебе только сорок три — ты еще девочка! И у тебя все впереди! Вся жизнь, Ирка! А она такая прекрасная, веришь? Такая длинная, долгая и прекрасная! И сколько в ней еще будет! А ты? Да хватит кваситься, дочь! Приходи в себя, и вперед, ищи новый путь, он есть, не сомневайся, это я точно тебе говорю. Ты его найдешь, я уверен! Ты сильная, дочь! Сильная и умная».

Папа, папа... Увы, все не так, папочка. Я пропустила главное. Мы с тобой не общались последние годы, потому что я была чертовски занята *самым важным*. А ты был здесь. Ты понимал — конечно, понимал, что я в тебе уже не нуждаюсь! Поэтому и не спешил приехать ко мне. Да, приехать тебе уже было сложно. А я... Я так и не выбралась к тебе, пап, не нашла времени. Как же, такая важная птица, у меня такие важные и неотложные дела, ага. И мы так и не поговорили, папочка. Ты так и не объяснил мне, что самое главное. Да я бы и не слушала, если честно. Или не услышала бы. Точно бы не услышала, пап.

Отмахнулась бы, дескать, брось ты, смешно! Но сейчас, кажется, я поняла. Профукала я все, папа, пропустила. Не разобралась. Заблудилась в своих заблуждениях. Вот такая вот тавтология, папа».

Рина глянула на стоявшую невдалеке Валентину. Та не смотрела на нее — проявляла тактичность. «Тонкий она человек, — подумала Рина. — Тонкий и умный, ты молодец, пап, все правильно. Твоя женщина. И она мне нравится, папа. Ты бы обрадовался, правда? Только случилось все слишком поздно, увы. Ты об этом так и не узнал, папочка. Прости. Прости мой снобизм, мою спесь, мою чудовищную гордыню. Но у меня есть оправдания, точнее, были — без всего этого я бы просто не выжила там, в городе. Обстоятельства определяют, как понимаешь. Ладно, все. Хватит. Нанылась. Потревожила тебя, прости».

Она подошла к Валентине, дотронулась до ее руки, та кивнула.

Шли молча, думая о своих потерях и печалях, о своей жизни.

Обратно ехали бодрее, уже не стесняясь, разговаривали. Только Валентина опять молчала. Рина села рядом с ней и взяла ее за руку. Та тихо, с благодарностью, руку ее пожала. Пальцы у Валентины были холодные.

В дом ввалились шумно, скинули верхнюю одежду и обувь, шумно расселись за стол и, приговаривая и нахваливая хозяйку, с удовольствием стали накладывать еду.

Валентина встала и подняла руку.

— Обождите!

Все остановились и притихли.

— За светлую память нашего Санечки! — сказала Валентина. — Душа его еще бродит, до сороковин будет бродить. А после успокоится. Я точно знаю, попадет мой Санечка в рай! По-другому и быть не может!

Соглашаясь, все закивали.

Валентина строго оглядела гостей.

— Подождите еще минуту. Жизнь мы с ним, с Санечкой моим, прожили честную и хорошую. В ладу и любви. Низкий поклон тебе. — Она посмотрела на его фотографию, под которой стояла рюмка водки, накрытая куском черного хлеба. — И проводили тебя, Санечка, хорошо. Правильно проводили. Все пришли. И Иришка наша приехала! Спи спокойно, мой хороший. И знай, не было женщины счастливее меня. Спасибо тебе.

За столом стояла тишина. Валентина выпила первой, гости потянулись за ней.

Осторожно поставив рюмку на стол, она наконец улыбнулась:

— Кушайте, гости дорогие. Не стесняйтесь. Вот кутья, блины поминальные. И спасибо, что пришли.

Никто и не думал стесняться. За столом пошли разговоры, воспоминания. Говорили про Рининого отца: сначала, дескать, не приняли его — чужой. Пусть не городской, свой, деревенский, а чужой. Незнакомый, а значит, непонятный. Да еще и семью в Москве оставил, а это всегда осуждалось. Ну и Валентине тогда досталось. Осуждали: мужика из семьи увела, ну и завидовали: образованный, тихий. Непьющий. Не то что руку не поднимал — не орал никогда. И вправду, мирно жили, по-людски. Ну а потом его приняли: свой. Ну и Валька молодец — своего счастья не упустила. А была бы у Сани городская жена хорошей, не сбежал бы. На этой фразе, оброненной Леной Бахоткиной, все с испугом посмотрели на Рину.

— Да все нормально, — отозвалась она. — Вы правы, если бы у родителей все было хорошо, папа бы ни за что не ушел. А меня он не бросал, не сомневайтесь. Раз в полгода приезжал и часто звонил.

Все с облегчением выдохнули: слава богу, что не обиделась!

Захмелевшие мужики выходили курить на крыльцо, женщины торопливо убирали со стола и помогали накрывать чай. Все уже посматривали на настенные ходики — дома ждали дела.

После чая и сладких пирогов гости поспешили домой, у порога шумно благодарив и ободряя хозяйку. Осталась только Нинка, домывала на кухне посуду.

Валентина села на диван.

— Устала. Ну все, кажется. Справили. Теперь только сороковины.

Вернулась раскрасневшаяся Нина и предложила «по сто граммов, за упокой и светлую память».

Сели, выпили, Рина быстро захмелела. Ну и пошли разговоры «за жисть».

Нина жаловалась на мужа, Валентина успокаивала ее. Потом над чем-то смеялись, плакали, что-то вспоминали из детства и далекой общей молодости, вспоминали Валентининого деда и Марусю, тетку Клавдию, Нинину мать, Саню, Рининого отца. Перебирали события из жизни. Все у них было общее — детство, юность, молодость, зрелось. Смерть стариков, рождение Нининых детей — лучшая подруга была их крестной.

И тут опьяневшая Нина — а ведь не заметили, как уговорили бутылку водки, — принялась за Рину.

— Чё не рожаешь? Край уже, сколько тебе? Со-орок три? — пропела она. — Ну ничего себе, а? А выглядишь моложе! Поторопись, девка! Останешься ни с чем!

Валентина кивала:

— И правда,Ириш! Рожай. Это я тебе говорю, баба бездетная. У Нинки, — подбородком она кивнула на подругу, — хоть и сволочи дети, а ближе нет. Одна не останется. Будет кому в старости присмотреть.

— От кого рожать? — рассмеялась Рина. — Не от кого! Верите, девушки, вот ни одного кандидата! Ну не искусственное же оплодотворение делать!

— Не, не искусственное, — тут же согласились «девушки», — зачем? От живого мужика надо, от теплого, тогда и ребенок получится хороший, здоровенький!

— Так нету, — веселилась Рина, — живые есть, а вот с теплыми плохо!

— Не тяни, — сурово припечатала Валентина. — Мы с тобой не шутки шутим, все на серьезе.

— А растить его кто будет? — посерьезнела Рина. — Я же одна. Ни мужа, ни родителей. Как поднять? Нет, на няньку, конечно, я заработаю, но это не выход — рожать, чтобы растил чужой человек.

— Не выход, — согласились подруги, — совсем не выход. И как доверишь? Нет, не годится!

И тут Валентина всплеснула руками:

— Ой, девки! О чем вы? А я-то на что? Здоровая и свободная! Чем мне заняться? Родишь и привезешь, слышишь, Ир? А тут-то, на воздухе и на парном молоке, такого хлопца тебе выращу — закачаешься!

— Валентина, — улыбнулась Рина, — спасибо, конечно. Но... Родить и сдать вам? Как-то нелепо вроде бы. И, кстати, почему хлопца? А если будет девица? — Рина попробовала отшутиться, грех было обидеть человека в таком светлом порыве.

А та все приняла всерьез:

— Девка? Да нет, пусть будет парень! Александром назовем, в честь деда! — Валентина расплакалась. Над столом повисла неловкая тишина.

Все были смущены, и похмелье как рукой сняло — будто и не было.

Валентина улыбнулась сквозь слезы:

— Ну пусть хоть девка! Хоть кто. Своя ведь, родная!

Рина проглотила комок, застрявший в горле.

Ситуацию разрядила Нинка:

— Ой, девки! Додумалась. Ты, Ир, от Пашки роди! А что? Он бугай здоровый, молодой! И красивый к тому же, не алкаш, между прочим. И на тебя заглядывается — я что, дура? Не вижу? Нет, правда! Ребеночек-то получится, а?!

Обалдевшая Рина хлопала глазами.

Валентина резко прихлопнула ладонью по столу:

— Вот именно, додумалась! Ох, Нинка! Всегда была дурой, такой и осталась! Не было мозгов, да так и не выросли! О чем ты, господи? Иришка — и этот... дурак! К тому же...

Нинка принялась оправдываться:

— А что я? Я разве ей замуж за Пашку предлагаю? Что я, совсем? Я ж про другое! Родить от него, все!

Валентина строго посмотрела на нее:

— Ага, умница. Вот я и говорю: нет ума — не купить!

Обиженная, Нинка замолчала и тут же, встрепенувшись, затянула песню:

Лучше нету того цвету, когда яблоня цветет.

Валентина и Рина переглянулись, рассмеялись и стали подпевать:

Лучше нету той минуты, когда милый мой идет.
Как увижу, как услышу, все во мне заговорит.
Вся душа моя пылает, вся душа моя горит.

Три женщины, одна молодая и две не очень, пели и плакали. Каждая о своем.

После трех «прощальных», «на ход ноги», маленьких рюмочек вишневой наливки, ароматной, терпкой и сладкой до невозможности, снова плакали и обнимались. Наконец Нинка выкатилась, Валентина и Рина рухнули в кровати. Сморило Рину тут же — и слава богу. Наревелась за этот день так, как не плакала, кажется, за последние десять лет. Но перед сном подумалось: «Как хочется рассказать Валентине про свою жизнь! Про все-все, обстоятельно и подробно. Про своих мужиков, оказавшихся трусами и слабаками. Про дорогую Маргошку и про неизбывную, непроходящую тоску по ней. Про любимую Мусеньку и Ленинград, про Крокодиново и бабушку Ирину Ивановну. Про свои влюбленности и любови, про дружбу, верность и преданность, про предательства, коварство и вероломность. Про свое добровольно выбранное одиночество. Про любовь к отцу и чувство вины перед ним. Про маму... Про свою бездетность». Поговорить, как бы она говорила с Маргошкой или с мамой — с той мамой, которую себе представляла и которой у нее никогда не было.

Рассказать про свои путешествия, про разные страны и любимые города. Ведь Валентина нигде не была!

Говорить долго, перескакивая с темы на тему, боясь что-то забыть, пропустить, не успеть. И конечно, Валентине была бы интересна Ринина жизнь. И слушала она бы Рину очень внимательно!

И вполне возможно, что они бы всплакнули вместе. Или посмеялись.

За что-то Валентина пожурила бы ее, а за что-то, наоборот, похвалила бы.

И Рина взяла бы ее за руку, а она бы погладила ее по голове и обязательно утешила, успокоила. И поддержала. Вот в этом Рина ни минуты не сомневалась.

Проснулась поздно, солнце уже вовсю билось в окно. Было душновато, и она открыла окно. И снова был чудесный, теплый, совсем летний день. Звонко пели удивленные птицы, и пахло травой и яблоками, и чуть колыхал занавеску нежный, легкий ветерок.

«Странный октябрь, — снова подумала Рина, — я такого не помню». Она громко бросила взгляд на горницу: «Прощай, временное убежище! Мне тут было и плохо, и хорошо — как, впрочем, всегда в нашей жизни. Все, я уезжаю, пока». Она стала собирать сумку. Да что там собирать — пару минут!

Постучала Валентина:

— Проснулась, Иришка? Ну давай чай пить!

На столе стояли блины, плошка с творогом, плошка со сметаной. Варенье, масло со «слезой», домашний сыр.

— Господи, Валя! Да что вы, столько и за три дня не съесть!

— В дорогу надо плотно поесть, — строго возразила Валентина. — Пока то да се, доедешь до города, купишь билет. И дело к обеду. А где там есть? На вокзале? Не дай бог! Потравишься как пить дать. Не вздумай, слышишь?

Рина покорно кивнула.

— А что не съешь, — продолжала Валентина, — с собой заберешь. Я тебе тут гостинцев собрала. Ну и с собой, в дорогу. Вечером чаю попьешь с пирожками.

Рина попробовала возразить, но поняла — бесполезно.

— Спасибо, — сердечно поблагодарила она.

Обрадованная, Валентина принялась выставлять на стол банки с земляничным, вишневым, клюквенным вареньем и медом, выложила шмат сала, завернутый в чистое полотенце. Потом достала банки с солеными грибами и нитки с сушеными белыми. По комнате разнесся дивный аромат. И довершали все это великолепие огромная банка сметаны и пакет творога.

Рина взмолилась:

— Валя, господи! Спасибо огромное, но прошу вас, не надо! Ну как я все это довезу, а?

Но возражения не принимались. Валентина молча утрамбовывала все в большой старый рюкзак.

— Санин, — тихо объяснила она. — Он с ним на рыбалку ходил. Будет тебе память. А больше ничего дать тебе не могу, нету.

Рина кивнула и пошла к себе — снять белье с постели, прибраться.

Села на кровать и заплакала. Подумала, как страшно ехать в город. В свой родной и любимый город. В свою чудесную, обожаемую квартиру. Страшно возвращаться. Страшно ехать в *ту* жизнь. Знакомую и, казалось бы, понятную до мелочей. Теперь — страшно. *Той* ее жизни уже нет.

Остаться здесь? Нет, нет, конечно, разумеется, не навсегда! Ну это же полная глупость! Эта жизнь не ее, она не плохая, нет, она даже хорошая! Но... она просто чужая. Остаться еще на пару дней, на неделю. Или на две. Ходить в лес — Валентина сказала, что пошли поздние опята и созрела брусника, а Рина так любит горьковатое брусничное варенье, — побродить по полю, посидеть на берегу речки. Послушать, как поют птицы. Посмотреть, как высоко в небе летит ровный и правильный треугольник журавлей. Полюбоваться на гнездо аиста, что на спиленной березе на краю поля. Да просто спать. Упасть в мягчайшую, теплую перину, провалиться, прижавшись спиной к теплому боку печки. А утром выйти на крыльцо, зажмуриться от солнца, закрыть глаза и слушать протяжное, печальное мычание проходящего под звук Аркашкиного хлыста и изощренного матерка стада. А вечерами пить с Валентиной чай и неспешно говорить о жизни, просто о жизни, такой сложной и такой простой. И не думать. Вообще ни о чем не думать. Просто пытаться жить. А подумает она потом. Сейчас просто нет сил. Да! И еще ходить к отцу! Просто прийти к нему и говорить с ним. Или молчать.

И она снова заплакала и медленно, раскачиваясь из стороны в сторону, чуть подвывая, стала снова жалеть себя.

С улицы раздался автомобильный клаксон. Она вздрогнула. Михаил. Приехал четко, как договаривались. Рина глянула на часы — половина одиннадцатого, все правильно. Она чуть было встала и тут же снова села. Что делать? Что делать, Рина Александровна? Ты, мать моя, приняла решение? Ты едешь или на пару дней, пару недель все-таки задержишься?

Клаксон снова пискнул.

Рина испуганно огляделась по сторонам. «Паника, — усмехнулась она. — Ну вот, паникую. Боюсь. Боюсь возвращаться». — «Так, бери себя в руки! — строго приказала она себе. — Какие отсрочки, господи? Пару дней, две недели? О чем ты, милая? Что они изменят, эти пара дней или две недели? Все равно ведь придется вернуться. Там, в Москве, вся твоя жизнь, дорогая! И будь любезна, как говорится!» Но она почему-то продолжала сидеть. Вот чем-чем, а нерешительностью Рина никогда не страдала, а тут нате вам. Рина презрительно хмыкнула: «Совсем ты расклеилась, мать!»

Она глянула в окно — поднялся ветер, и ветви яблони пару раз ткнулись в окно горницы. Раздался стук в дверь. Валентина! Конечно, она. Ей неловко — Мишка ждет и наверняка выступает. «И правда, некрасиво себя веду, как ребенок», — подумала Рина.

Дверь открылась, и действительно заглянула перепуганная Валентина.

— Иришка, — растерянно забормотала она. — Там это... Какая-то машина, Ир, большая такая, синяя. К тебе, наверное? А?

Рина резко встала с кровати.

— Машина? — переспросила она. — Какая машина, Валя? Я думала, это Миша. Какая машина? — повторила она. — Ей-богу, не знаю! А вы уверены, что это ко мне?

— Ну не ко мне же, Ир! Откуда ко мне-то?

Рина кивнула и выскочила из горницы.

Прислонившись к капоту своего «Ситроена», заплетя ногу за ногу, в «косу», как говорила Рина, стоял милый друг Эдик. Увидев Рину, он встрепенулся, бросил только что закуренную сигарету и, чуть замешкавшись, глянув на нее с испугом, медленно пошел к калитке.

Рина стояла как столб.

Эдик подошел к калитке, жалобными, «собачьими» глазами посмотрел на Рину, покраснел и промямлил:

— Добрый день, Рина Александровна. А меня тут за вами... послали. Сам Н., между прочим. Короче, тема такая: «Привезти сегодня же и без никаких разговоров».

Рина молчала. Горло перехватило пронзительным холодом, так, что стало трудно дышать.

Эдик поднял на нее свои несчастные «коровьи» глаза и испуганно заморгал длиннющими девичьими ресницами.

— А мне что делать-то, а, Рина Александровна? Я человек маленький. Что мне-то делать? — растерянно и обреченно повторил он. — *Сам* так и сказал: без нее лучше не возвращайся, иначе башку откручу! Короче, без Рины Александровны мы никуда. Ну как-то так, — пробормотал он.

— Прямо так и сказал? — чуть справившись с собой, усмехнулась Рина. — Да, башка — это серьезно. Куда ж без башки? Даже без такой, как твоя, верно?

Ничего не понимая, бедный Эдик снова кивнул.

Рина громко вздохнула:

— Эх... Жалко мне тебя! Ты же знаешь, я жалостливая!

Не зная, как реагировать и чего ожидать от строптивой начальницы, несчастный громко сглотнул и снова захлопал густыми ресницами.

— Ну-у... — протянула она, — значит, придется вернуться, а? Во имя спасения, так сказать, человечества.

Сердце колотилось как бешеное. Не дай бог, услышат окружающие! Она вздрогнула, растерянно посмотрела по сторонам и быстро добавила:

— Я сейчас! Только сумку возьму!

Эдик, не веря своему счастью, кивал, как китайский болванчик.

Рина метнулась в дом. В горнице, у окна, стояла Валентина. Рина подошла, обняла ее, и обе замерли. Наконец Валентина разжала объятья.

— Ну, ну! Иди — ждет человек.

Равномерно тикали ходики. С громким и скрипучим стуком из своего домика выскочила кукушка и прокричала положенное «ку-ку». Рина вздрогнула.

— Спасибо, — смущенно пробормотала она. — За все вам спасибо, Валя! И за папу тоже спасибо. И... за меня!

Валентина покраснела, отвела взгляд.

Рина взяла сумку, Валентина подхватила рюкзак с гостинцами. Вышли на крыльцо. Счастливый Эдик схватил рюкзак и сумку и опрометью бросился к машине.

— Может, чаю попьете? — крикнула ему вдогонку Валентина.

Эдик энергично замотал головой:

— Нет, нет, спасибо, надо спешить! Рину Александровну, — он с испугом глянул на Рину, словно боясь, что та передумает, — очень ждут на работе.

Рина шла к машине и чувствовала, как дрожат ноги — дойти бы. Валентина стояла у калитки. Уже пристегнувшись, она открыла окно и повторила:

— Спасибо вам. И держитесь.

«Глупое слово, ненавижу», — тут же подумала она.

Прощание было невыносимым. Рина бросила Эдику:

— Трогай!

Взревел мотор. Эдик шустро и лихо, по-пижонски развернув машину, сорвался с места. Рина обернулась: Валентина стояла на дороге и смотрела им вслед. Через пару минут она стала почти невидимой.

Рина уселась поудобнее, поправила ремень и наконец посмотрела на сосредоточенного и молчаливого Эдика.

— Ну и что там? — стараясь говорить равнодушно, спросила она. — Какие новости в Датском королевстве? В смысле что послужило, так сказать?

Эдик с опаской посмотрел на начальницу и, помолчав пару минут, начал рассказывать.

По его словам, выходило, что Н. осознал, что произошло, и испугался. Да, да, испугался, «прямо метался, как загнанный заяц». Забегал в отдел, спрашивал «нет ли новостей от Рины Александровны», суетился.

Рина усмехнулась, а счастливый Эдик не умолкал:

— Мы все тащились: чтобы Н. и так нервничал? Ну и дальше: «Срочно за Корсаковой, привези по-любому, уговори ее не мытьем, так катаньем. Без нее не возвращайся, башку откручу и уволю».

— Ну это я уже слышала, — усмехнулась Рина, — про открученную башку и все остальное. А что дальше-то, а? В смысле с проектом?

«Дальше» тоже оказалось все хорошо. Так хорошо, что она чуть не закричала от радости. Слава богу, сдержалась, а то как-то совсем несерьезно. А Эдик продолжал бубнить, повторялся, злил Рину, та недовольно хмурилась, прерывала его, но в душе... В душе у нее расплывалось, растекалось, плавилось такое огромное счастье, что она боялась выдать его.

— Погодка, а? — сказал Эдик. — Конец октября, а как будто лето на дворе. Нет, в Москве, конечно, не так. В Москве у нас, как всегда, параша, короче. Противное время! Снег уже был. Мокрый, с дождем. Потом подморозило и — гололед! Столько машин побилось — ужас, день жестянщика. Ну и грязь, понятное дело, дожди, как всегда в конце октября. Пробки такие! А здесь, — он посмотрел в окно, — здесь красота.

Снег с дождем. Гололед. Грязь и пробки. Противное время. Но это ее город. И все это — ее. И снег с дождем в конце октября. И гололед, и грязь. И пробки, конечно. Скорее бы в город, домой! Домой, господи! В свою спальню, в свое кресло. В свою ванную, на свою кухню.

В свою жизнь! И — на работу! И пусть толпы народу. И пусть суета, маета, хамство и загазованный донельзя воздух, пусть раздраженный и нервный народ. Это ее жизнь. И, кажется, ей не надо другой.

— Новый год через два месяца, — напомнил Эдик. — А прогноз! — И он тяжело вздохнул. — Говорят, опять не будет зимы. А какой Новый год без снега?

Какой? Да обычный! Обычный московский Новый год. И все, кажется, к этому уже привыкли.

Рина кивнула и закрыла глаза. «Подремать бы, — подумала она. — Но этот разве заткнется? — И вдруг спохватилась: — Как-то сухо я с Валентиной попрощалась. Дежурные слова «держитесь» и «спасибо». Нет, надо было как-то не так. А как? И сорвалась как-то... Скоро так сорвалась. Некрасиво. Словно сбежала».

Рина достала из сумки телефон.

— Валя, Валечка! Вы меня слышите? Да? Ну хорошо! Послушайте, — она на секунду запнулась, — я совсем забыла. Скоро ведь праздник, Новый год! А вы там одна! Ну и я... Тоже. В общем, вы приезжайте ко мне! Ну конечно, в Москву, а куда же? Вместе отметим! Стол накроем, пирогов напечем! Ну, в смысле вы напечете, про меня все известно, хозяйка я еще та! Но и я поучаствую, внесу свою лепту! — Она говорила быстро и бестолково, боясь услышать отказ, но Валентина молчала.

— Вы меня слышите? — переспросила Рина. — Валя, вы здесь?

— Слышу, — коротко ответила Валентина.

— Так вот, — обрадованно продолжила Рина, — встретим праздник, а там и каникулы, десять дней сплошного блаженства и ничегонеделания! Ну, в общем, мы оторвемся! В театры походим, на выставки — Третьяковка, Пушкинский! Господи, я там сто лет не была. Ну, что скажете? — боясь услышать отказ, осторожно спросила она.

— Спасибо, Иришка, — ответила Валентина, — спасибо большое. Просто за то, что сказала. Не знаю, как там и что. Может, у тебя появятся планы. В общем, далеко еще до Нового года! Сколько воды утечет!

— Планов других у меня не будет, вот это точно! — твердо ответила Рина. — Я думаю, нам с вами будет неплохо! Нет, даже не так — нам будет хорошо! Созвонимся? Да, конечно. Почти два месяца впереди!

Нажала отбой и улыбнулась.

Потом Рина позвонила маме.

Шурочка, впрочем, как всегда, чувствовала себя прекрасно — голос как колокольчик, даром что ей за шестьдесят.

— Ты на работе? Нет? А, поняла. Слушай, на Рождество мы решили в Париж! Здорово, правда? Колянчик, правда, не хотел, денежки начал считать! Но я, как понимаешь, своего добилась — деньги деньгами, а сколько той жизни? А ты где на праздник планируешь? До-ома? — разочарованно протянула Шурочка. — Ну да, отоспись, конечно. Но как-то грустно, а? Нет? — Шурочка приободрилась: грусть она не признавала.

Ну и распрощались, обещая скоро созвониться. Ни слова про Ринину поездку. Ни слова про отца. Ни про что ни слова. И вправду, зачем огорчаться, когда впереди рождественский Париж и жизнь так прекрасна? Рина усмехнулась. Шурочка есть Шурочка. Да и слава богу.

Она откинулась на подголовник, закрыла глаза и улыбнулась. Еще пару месяцев — и Новый год. Времени у нее еще вагон и тележка. Главное сейчас — защитить проект. А уж потом остальное.

А про Новый год она здорово придумала, молодец, Рина, браво!

Она покажет дорогой гостье свой город, свою любимую Москву, и Замоскворечье, и арбатские переулки. И Воробьевы горы, их с отцом место. И самые вкусные ресторанчики, и любимые магазины — Валентину непременно надо приодеть, пусть порадуется. У нее же отличная фигура!

Да, заранее следует озаботиться билетами в театр — на Новый год в Москве тучи приезжих.

Но в том, что они замечательно проведут это время, Рина ни минуты не сомневалась.

Как хорошо, что на свете остались еще вещи, в которых не приходится сомневаться.

Содержание

Литературно-художественное издание

Мария Метлицкая

Я ТЕБЯ ОТПУСКАЮ

Ответственный редактор *Ю. Раутборт*
Выпускающий редактор *М. Петрова*
Художественный редактор *П. Петров*
Технический редактор *О. Лёвкин*
Компьютерная верстка *Л. Панина*
Корректор *Н. Овсяникова*

ООО «Издательство «Эксмо»
123308, Москва, ул. Зорге, д. 1. Тел.: 8 (495) 411-68-86.
Home page: www.eksmo.ru   E-mail: info@eksmo.ru
Өндіруші: «ЭКСМО» АҚБ Баспасы, 123308, Мәскеу, Ресей, Зорге көшесі, 1 үй.
Тел.: 8 (495) 411-68-86.
Home page: www.eksmo.ru   E-mail: info@eksmo.ru.
Тауар белгісі: «Эксмо»
Интернет-магазин : www.book24.ru

Интернет-магазин : www.book24.kz
Интернет-дүкен : www.book24.kz
Импортёр в Республику Казахстан ТОО «РДЦ-Алматы».
Қазақстан Республикасындағы импорттаушы «РДЦ-Алматы» ЖШС.
Дистрибьютор и представитель по приему претензий на продукцию,
в Республике Казахстан: ТОО «РДЦ-Алматы»
Қазақстан Республикасында дистрибьютор және өнім бойынша арыз-талаптарды
қабылдаушының өкілі «РДЦ-Алматы» ЖШС,
Алматы қ., Домбровский көш., 3«а», литер Б, офис 1.
Тел.: 8 (727) 251-59-90/91/92; E-mail: RDC-Almaty@eksmo.kz
Өнімнің жарамдылық мерзімі шектелмеген.
Сертификация туралы ақпарат сайтта: www.eksmo.ru/certification
Сведения о подтверждении соответствия издания согласно законодательству РФ
о техническом регулировании можно получить на сайте Издательства «Эксмо»
www.eksmo.ru/certification
Өндірген мемлекет: Ресей. Сертификация қарастырылмаған

Подписано в печать 03.06.2019. Формат 84×108 ^{1}/$_{32}$.
Гарнитура «NewBaskerville». Печать офсетная. Усл. печ. л. 18,48.
Тираж 22 000 экз. Заказ № 5371.

Отпечатано с готовых файлов заказчика
в АО «Первая Образцовая типография»,
филиал «УЛЬЯНОВСКИЙ ДОМ ПЕЧАТИ»
432980, Россия, г. Ульяновск, ул. Гончарова, 14

16+

Москва. ООО «Торговый Дом «Эксмо»
Адрес: 123308, г. Москва, ул. Зорге, д. 1.
Телефон: +7 (495) 411-50-74. **E-mail:** reception@eksmo-sale.ru

По вопросам приобретения книг «Эксмо» зарубежными оптовыми
покупателями обращаться в отдел зарубежных продаж ТД «Эксмо»
E-mail: **international@eksmo-sale.ru**

*International Sales: International wholesale customers should contact
Foreign Sales Department of Trading House «Eksmo» for their orders.*
international@eksmo-sale.ru

По вопросам заказа книг корпоративным клиентам, в том числе в специальном
оформлении, обращаться по тел.: +7 (495) 411-68-59, доб. 2261.
E-mail: **ivanova.ey@eksmo.ru**

Оптовая торговля бумажно-беловыми
и канцелярскими товарами для школы и офиса «Канц-Эксмо»:
Компания «Канц-Эксмо»: 142702, Московская обл. Ленинский р-н, г. Видное-2,
Белокаменное ш., д. 1, а/я 5. Тел./факс: +7 (495) 745-28-87 (многоканальный).
e-mail: **kanc@eksmo-sale.ru**, сайт: www.kanc-eksmo.ru

Филиал «Торгового Дома «Эксмо» в Нижнем Новгороде
Адрес: 603094, г. Нижний Новгород, улица Карпинского, д. 29, бизнес-парк «Грин Плаза»
Телефон: +7 (831) 216-15-91 (92, 93, 94). **E-mail:** reception@eksmonn.ru

Филиал ООО «Издательство «Эксмо» в г. Санкт-Петербурге
Адрес: 192029, г. Санкт-Петербург, пр. Обуховской обороны, д. 84, лит. «Е»
Телефон: +7 (812) 365-46-03 / 04. **E-mail:** server@szko.ru

Филиал ООО «Издательство «Эксмо» в г. Екатеринбурге
Адрес: 620024, г. Екатеринбург, ул. Новинская, д. 2щ
Телефон: +7 (343) 272-72-01 (02/03/04/05/06/08)

Филиал ООО «Издательство «Эксмо» в г. Самаре
Адрес: 443052, г. Самара, пр-т Кирова, д. 75/1, лит. «Е»
Телефон: +7 (846) 207-55-50. **E-mail:** RDC-samara@mail.ru

Филиал ООО «Издательство «Эксмо» в г. Ростове-на-Дону
Адрес: 344023, г. Ростов-на-Дону, ул. Страны Советов, 44А
Телефон: +7(863) 303-62-10. **E-mail:** info@rnd.eksmo.ru

Филиал ООО «Издательство «Эксмо» в г. Новосибирске
Адрес: 630015, г. Новосибирск, Комбинатский пер., д. 3
Телефон: +7(383) 289-91-42. E-mail: eksmo-nsk@yandex.ru

Обособленное подразделение в г. Хабаровске
Фактический адрес: 680000, г. Хабаровск, ул. Фрунзе, 22, оф. 703
Почтовый адрес: 680020, г. Хабаровск, А/Я 1006
Телефон: (4212) 910-120, 910-211. **E-mail:** eksmo-khv@mail.ru

Филиал ООО «Издательство «Эксмо» в г. Тюмени
Центр оптово-розничных продаж Cash&Carry в г. Тюмени
Адрес: 625022, г. Тюмень, ул. Пермякова, 1а, 2 этаж. ТЦ «Перестрой-ка»
Ежедневно с 9.00 до 20.00. Телефон: 8 (3452) 21-53-96

Республика Беларусь: ООО «ЭКСМО АСТ Си энд Си»
Центр оптово-розничных продаж Cash&Carry в г. Минске
Адрес: 220014, Республика Беларусь, г. Минск, проспект Жукова, 44, пом. 1-17, ТЦ «Outleto»
Телефон: +375 17 251-40-23; +375 44 581-81-92
Режим работы: с 10.00 до 22.00. **E-mail:** exmoast@yandex.by

Казахстан: «РДЦ Алматы»
Адрес: 050039, г. Алматы, ул. Домбровского, 3А
Телефон: +7 (727) 251-58-12, 251-59-90 (91,92,99). E-mail: RDC-Almaty@eksmo.kz

Украина: ООО «Форс Украина»
Адрес: 04073, г. Киев, ул. Вербовая, 17а
Телефон: +38 (044) 290-99-44, (067) 536-33-22. **E-mail:** sales@forsukraine.com

**Полный ассортимент продукции ООО «Издательство «Эксмо» можно приобрести в книжных
магазинах «Читай-город» и заказать в интернет-магазине: www.chitai-gorod.ru.**
Телефон единой справочной службы: 8 (800) 444-8-444. Звонок по России бесплатный.

Интернет-магазин ООО «Издательство «Эксмо»
www.book24.ru
Розничная продажа книг с доставкой по всему миру.
Тел.: +7 (495) 745-89-14. E-mail: imarket@eksmo-sale.ru

ISBN 978-5-04-103668-3